# 只是投資失利 又不是世界末日

金炯俊——著
葛瑞絲——譯

# 自序

## 寫給因投資虧損而生活艱辛的人

最近只要兩三個人聚在一起就會開始討論房地產、股票和虛擬貨幣。

「某某某去年買的房子一年之間漲了韓幣三億耶！」

「你知道某某買股票賺了韓幣五億嗎？」

「聽說某某用比特幣一個月賺韓幣一億。」

聽到這些話，不禁覺得透過升遷或領薪水這種個人成就得來的報酬十分微不足道、不值一提。前不久還高喊「小確幸」的人已經不知道去哪裡了，現在大家都期待著一夕致富，高喊著「衝一波啊！」。每當聽說誰賺了韓幣數百億元，獲得財富自由，或是身邊的人也因為投資股票和虛擬貨幣而賺到一大筆錢時，我心中的空虛感就逐漸擴大。

當然還是有很多人對房地產、股票、虛擬貨幣的投資不感興趣，對於現有的生活感到滿意又幸福。然而，當我聽到這些身邊的人說著投資成功的消息時，反而會想「那我到底這段時間都在幹嘛？」然後對自己越來越沒自信。這種經濟上的相對剝奪感變成自卑、自責，終究讓我變得憂鬱。

我並不貧窮，不過不知從何開始，我一直跟心理的空虛搏鬥著。「如果再繼續這樣什麼都不做，說不定以後我就變乞丐了」、「別人都賺到錢了，我應該也能賺到錢」在充斥著不安與茫然的期待下，我開始投資了。然而，實際投資才知道，想要獲利並不容易，結果我投資失敗了。

投資失敗帶來的傷害比我想得更深、更難以承擔。我明明只是失去金錢而已，卻被可能會失去一切的恐懼籠罩著。而且，**我似乎可以理解那些因投資失敗而陷入生活困頓，到後來選擇尋短之人的心情**。我是自殺防治教育的專家，在設計自殺防治教育課程或實際講授時，我不斷疾呼經濟虧損就是自殺的危險因子。看來，我之前都沒有深刻地理解為什麼他們在投資失敗、經歷虧損後，會想要走到自殺這一步。

沒有人希望虧損。然而，若有人賺錢，就一定要有人虧錢。這是我們大家心知肚明卻想忽略的殘酷現實。而且投資失敗不單單只是失去金錢，一旦陷入虧損的泥沼中而對人生失去感覺，從那時起才是真正的虧損。人在失去金錢後，會因為內心的傷口而失去感覺、失去家人，甚至失去性命。

虧損並非一個事件，而是一個讓人煎熬的過程。**在這過程中會因為害怕失去珍貴物品而感到不安**；當不明確的損失漸漸變成確定的現實時，會感到恐懼；發現虧損已經脫離自己的掌控、知道自己無法挽回時，會感到憤怒；對投資失敗感到羞愧。還有，想到那些對我失望的人就會感到挫折，時間一久，就變成了悲傷。

有些人被捲入「失去」的痛苦情緒急流時會說「我們去跳海吧」。我們都知道，他們想死的原因並非只是失去了錢，而是失去了求生意志，甚至是失去了希望。**我寫這本書的用意是，希望像我這樣不小心經歷虧損的人，在看了我的書之後能度過這段艱困的虧損過程，只是投資失利，又不是世界末日。**

雖然嘴上不說，其實大家都經歷過虧損，都經歷過或大或小的虧損，只是沒有說出口罷了。當我跟身邊的人分享我難熬的心境時，意外地發現虧損有多普遍。經歷到不如意的虧損時，我們該做的並非著急地挽回，而是要發現什麼才是在我的生命中絕對不能缺少的、真正珍貴的，以及什麼才是我想要的生活。只要找到這些，就能找到可以挽回的方法。

希望大家都能平安無事地渡過，並將生活提升到另一個層面。希望我的經驗和故事能多少帶給你幫助和力量。

我想利用這短短的篇幅感謝我所尊敬的申景哲所長和江北三星醫院企業精神健康研究所的同事。我想謝謝我的兩位好朋友寅澈和秉旭，你們在我艱困的時刻默默地傾聽我的故事並安慰我，尤其真切地希望寅澈的身體趕快好起來。還想謝謝全洪真教授、夏志賢教授、全星奎先生百忙之中幫我寫推薦文，以及申秀京代表協助這本書的出版。

最後想對我的家人表達歉意與謝意，老婆以及我所愛的女兒總是相信我並鼓勵我，也在我虧損時默默守護我。

金炯俊

# 目次

## 第二章　一起渡過「失去」的過程



## 第三章　若情緒失控，從那時起才是真正虧損

# 第四章

## 踩著虧損成長

# 第五章

## 低風險高報酬，為幸福投資吧！

Chapter 01

# 怎麼搞的，我竟然虧了

「這次機會說不定能讓我成為夢想中的有錢人」這種單純的慾望帶領我進入危機四伏的冒險中。「只要把錢放進去，就會立刻變成暴發戶」、「別像個呆子一樣，傻傻都不動」在社會這樣的氛圍和慫恿下，我就那樣站在貨幣交易面板前。

# 01 我就那樣站在貨幣交易面板前

「怎麼會這樣？我怎麼可能會受到這種無法承擔的無情背叛和損失？」

一半都沒了。看到我投資金額的一半已經不翼而飛時，我害怕會不會再這樣下去就賠光全部的錢。在恐懼感襲罩的瞬間，我毅然決然賣掉投資的一切，我以為這樣就能擺脫那恐懼。然而，我並不知道等待我的是比失去一切的恐懼還更大的損失。

搞得我生活天翻地覆的虧損夢魘毫無預警地來襲，留在心中的傷口比我預期的更深、更難承受。為了擺脫痛苦，我必須知道痛苦是從哪裡開始的。然而，我究竟是做錯了哪一步？無論我再怎麼翻找回憶無數次，依然找不到一個令我滿意的答案。

現在回想起來，我找不到答案的原因應該是覺得委屈，所以當時無論找什麼藉口都好，我就是不想承認。這就像是，我只不過是到了人們聚集的地方，看到桌上擺設出美味的水果，只是因為大家都在吃，我也才決定伸手拿一顆起來吃看看，結果卻因為未經允許拿水果的罪名被抓到警察局，最後鋃鐺入獄一樣。如果有吃到，起碼還不會那麼委屈，而且我滿腦子都認為自己就是犯下該被關進牢裡的滔天大罪。早知那時就應該要喊出我的冤屈，計較我受到的懲罰是否過重。不，我連那樣都做不到。

就這樣陷入絕望中好一陣子之後，突然間「怎麼搞的」這詞彙浮現在腦海中。就像在學生時期，老師在解題時曾說過的，答案就藏在問題裡。我「怎麼搞的」竟然會跑到虛擬貨幣板前？「怎麼搞的」竟然就虧損了？

人生就是許多不經意的偶然相互交疊，最終導向一個必然的結果，我就是這樣虧損的。

一開始知道「虛擬貨幣」是在2017年。當時比特幣就像現在一樣席捲韓國。有人認為比特幣就像沒有什麼價值的泡沫一樣撐不了多久，有人則認為比特幣將會是現在金融系統的替代方案，具有無限潛力，兩方爭論不休。不承認比特幣價值的一方以十七世紀荷蘭發生的投資狂熱現象，也就是鬱金香狂熱為例，警告說在泡沫破掉的時刻，許多人將可能會遭受無法承擔的虧損。正方則表示，2008年全球金融危機的導火線就是金融系統掌握過多權力，以及既得利益者過於貪腐造成的，而加密貨幣能成為解方。

當時我偶然看到紀錄片《比特幣風波（Banking on Bitcoin）》，比特幣創造者「中本聰」彷彿被披上一層神祕面紗，他身邊的人以及關於比特幣所使用的加密技術等等故事相當引人入勝。然而，當時只有在少數推崇加密貨幣價值的人之間才會交易比特幣。我自己下的結論是，比特幣並非不具有交換價值的貨幣，但後來比特幣就逐漸不在我的注意範圍內。就算偶爾聽到有人因為虛擬貨幣而賺錢，我也認為那只不過是許多賺錢方式中的一種罷了。

不過才幾年的時間，整個世界就完全改變了。許多人透過持續攀升的房地產價格大賺一筆，儘管政府制定了數十次關於房地產的規定，大家還是在房地產的投資上卯足全力，累積了財富。只要聚集起來，大家都會毫不藏私地談到房地產，話題都是在說，這次某某某買了哪裡的房子，某某某幾年內投資房地產賺了多少錢。聽到身旁的人投資房地產賺大錢的消息後，有人後悔又惋惜地說早知道自己也該把所有的財產全投下去。大家把投資房地產視為在這難以生存的世界中能拯救自己的唯一方法，而且房地產相關書籍賣得嚇嚇叫，大家看著那些自稱透過房地產賺錢的人寫的書來準備投資。有些人投資一兩次獲益後，就對自己的獲益感到驕傲，以自己累積的知識和經驗為基礎，向身邊的人推薦物件，勸說他人購買。

就算在同樣的公司上班、領著差不多的薪水，資產規模卻會因為有沒有投資房地產而出現超乎想像的差異。表面上看來大家的生活都差不多，但實際上並非如此。以原本的方式只是腳踏實地工作的人，在不知不覺間有可能已經落後別人一大截了，這樣的危機意識開始籠罩在人們身上。

我也不例外。儘管婚後一點一滴地存錢，達成了在孩子出生時買到房子的夢想，但短短的幾年間，附近新建公寓價格已經漲了韓幣數億元，但我買的房屋價格依然維持原樣。大家說我對現況滿足、安於現狀，是個不懂得跟上變化的笨蛋。某天在開車時，突然感覺不太對勁。我維持在速限內，但身旁幾乎所有的車輛都超過我。但明明我也正在往前進、正努力生活著，卻有種落後的感覺，令我非常不悅。那些看不見的目光，彷彿是在說維持在速限內的我就像「笨蛋」一樣。我內心焦急起來，於是踩下油門，不再死守速限。

這天，我又聽到比特幣的新聞。各大媒體彷彿回到２０１７年那樣，掀起一波比特幣的熱潮，新聞大篇幅報導著比特幣的價格連日創新高。投資成功的案例也俯拾皆是，有些公司用比特幣賺了韓幣數十兆，有些投資者的獲益高達韓幣數十億元。如今比特幣已經不再只是半個貨幣，不只是推崇其價值的少數幾個人在交易，連企業和機構都投資比特幣，作為公司資產。沒有過多久，身邊也開始有人在投資虛擬貨幣，現在已經不再是別人的事了，虛擬貨幣已經非常靠近我了。

投資專家說，最近這種低利率的時代，把錢存在銀行是最愚蠢的行為，無論投資什麼都應該要進場。在物價飛漲、存款利率卻不到百分之二的狀況下，我實在很難找到能反駁他們的說法。而且一直聽身邊的人說他們投資虛擬貨幣後賺錢的消息，我開始感到著急，覺得我不能再落後了。

每個人都期待能成為暴發戶，下班回家途中繞到彩券行買張中獎機率微乎其微的樂透，也是因為抱持著一夕致富的希望和期待。以客觀的角度來看，明明中獎機率非常低，但人就是會從買彩券的那一刻起開始計畫中獎後要怎麼花錢。更別提身邊的人一直說投資虛擬貨幣後賺到數十倍、數百倍，我想不在意都難。我也抱持著那種茫然的期待，「我買了之後應該也能像他們那樣賺大錢」。「這次機會說不定能讓我成為夢想中的有錢人」這種單純的慾望帶領我進入危機四伏的冒險中。「只要把錢放進去，就會立刻變成暴發戶」、「別像個呆子一樣，傻傻都不動」在社會這樣的氛圍和慫恿下，我就那樣站在貨幣交易面板前。

# 02 終於開始投資了

基本上我並不推崇虛擬貨幣。因為這不是日常生活中的通行貨幣，再加上也沒有能衡量其價值的基準，只是依照供給和需求決定價格，變動幅度非常大，一天內就會上下十幾個百分點。在視窗上許多貨幣正排著隊，我無法估算到底該買哪個。即使如此，我聽說還是有很多人在投資，連企業和機構的投資人都購買比特幣作為資產，而且政府也表示將會對虛擬貨幣課徵所得稅。虛擬貨幣終於要進入制度裡，我判斷這是值得投資的機會。

既然決定要投資，我告訴自己非賺錢不可。一開始我很小心，就像觀察這輩子第一次看到的未知生物一樣，我花幾個禮拜的時間看走勢圖，觀察價格的變動與項目。這未知的生物惡名昭彰，同時也是帶給許多人難以置信的獲益和損失，是令人毛骨悚然的存在。不過，既然已經決定要投資，所以連這種極高的風險看起來也非常有吸引力。大家不都說「高風險、高報酬」嗎？我堅信，只要妥善控制風險，就能獲取高獲益。再說了哪有人一開始進入市場時，覺得自己會虧損。大家就算看到許多人賠了錢、吃了苦頭，還是相信自己會是那個例外。

我終於開始放進小額投資，我連股票都沒投資過，一開始當然無法賭上大錢。我最先買的是乙太幣（ETH）。不過這是什麼狀況？從我按下購買鍵的那時起就發生了令人難以置信的事，價格開始下跌。我立刻嚇壞了，是不是虧錢了。莫名的不安讓我的目光無法從走勢圖上移開。在掉了幾個百分點後，我忍耐不了便按下售出鍵。然而沒過幾個小時，價格又回升到我購買的地方，我開始責怪自己怎麼會這麼沉不住氣。後來也體驗過幾次這種狀況，我覺得好像只要我買了，價格就會跌；只要我賣了，價格就會漲。

這是投資新手常見的一種代表性的認知偏誤，也就是「個人化（personalization）」。其實不論我有沒有買虛擬貨幣或股票，每個項目的價格都會變動，但自己卻會覺得好像跟我的行為有關。如果是大量購買或出售超過韓幣數十億元的虛擬貨幣或股票，的確有可能在短時間內影響價格，然而我們並不是大戶，只是個散戶。應該要有基本認知，我們的投資行為幾乎不會影響價格。

經歷像這樣幾次的小虧損後，我產生了就算價格跌了也會再回升的信心。當時的趨勢大致上是牛勢，簡單來說，那段時期不管買哪種貨幣都會上漲，所有的貨幣都用鮮紅的光芒弄出一個佛像來誘惑人。在討論版上，數不清的人喊著「我們去印鈔票！」，看到虛擬貨幣的價格像雨後春筍般不斷飆升，自然而然會產生出「不買的人是笨蛋」的結論。一週內漲幅三次超過十倍的貨幣也比比皆是，這種貨幣價格在短短幾小時內就像要衝破天花板一樣強勢攀升。當走勢圖上的價格如紅色雷射光一樣飆升，大家就像在火災時圍觀那樣被吸引過來。期待一夕致富的人相信它一定會繼續上漲而持續加碼，成為其中的一員。

我也曾在好奇心的驅動之下，成為這紅色雷射光的一員。儘管金額不大，但看到走勢圖在短短幾分鐘內，價格反覆飆升數十個百分點後下降，就像在遊樂園裡搭大怒神一樣刺激。但問題是，雖然想搭就可以搭，但無法知道什麼時候應該要下來。如果繼續等待更高的獲益而持續搭乘，後來有可能會因為價格下跌反而虧損。不知道什麼時候會有下跌的高風險，就等於是搭乘這「雷射光束」的費用。

這種驚險行為帶來的刺激和興奮深深地烙印在腦中，於是我們又會為了追求那樣的刺激而變得衝動。在心理學關於人類學習和動機的理論裡，有個概念叫做「增強（reinforce）」。增加某個行為的頻率就叫做「增強」，這時的關鍵在於獎勵。學習的速度和行為的頻率會取決於是以何種方式獎勵。而透過虛擬貨幣得到的獎勵屬於間歇性的獎勵，儘管不是持續提供穩定的獲益作為獎勵，但間歇性的一次大量獎勵會增強人們的行為，所以大家才會一邊期待賺大錢，一邊做出同樣的行為。

除此之外還有一項歷史事實，每四年會出現一次高峰，這件事帶給人們不小的影響。今年正是高峰期，大家確信現在就是投資的最佳時機，也擔心一旦錯過今年又要再等四年，因此前仆後繼地加入幣圈。雖然還無法確定那些收入是不是自己的錢，但還是對自己的預測準確感到安心，有種立刻就要變成有錢人的錯覺。

討論版上每天都有非常多炫耀自己賺錢的截圖洗版，有人高喊著「我說過我會請客！」，說得好像某個貨幣的上漲是自己命中的一樣。他們得意洋洋，充滿自信。有人以炫耀自己獲益的語氣說，這樣賺錢好累。他們抱怨說徹夜看走勢圖太累了，還保證說下次不會再這麼做。但他們一併上傳的獲益截圖，彷彿是在發誓一旦遇到同樣情況還是會甘願放棄睡眠，寧願承受疲倦。有些人則擺出一副投資專家的姿態說，現在是「頭肩底（買進訊號）」，是趨勢逆轉型態，滿口都是像我這種初學者聽都沒聽過的話，像是二十日線、六十日線、斐波那契等專業用語。然後煞有其事提供圖表分析，用自己的方式推算出合理價格，搶先進攻被低估的項目。不過，現在想想，那些到底有什麼用？長期投資虛擬貨幣的人戳破他們說：「在虛擬貨幣裡沒有那種事啦！」也就是說，那些人的分析都是沒有意義的。由此可見，虛擬貨幣價格的變化已經超越既有的常識，套用那些公式沒有太大的意義。

當時所有的虛擬貨幣價格一致地攀升。大家看到貨幣價格攀升時，會覺得如果當初毫不猶豫地直接加入，雖然獲益會很多，但也會有不少虧損。連新聞報導都帶著些許擔憂的語氣說，投資者在價格急遽變動的情況下應更加注意，但在我的耳中聽起來卻像是，「虛擬貨幣獲益這麼高，不趕快投資還在幹嗎？」不僅如此，我還聽說認識的人靠虛擬貨幣賺一大筆錢，於是像我這樣的人都被吸引到虛擬貨幣板前。大家都同樣掏出身上的錢，所以價格上漲是理所當然的結果。也許有些人認為只要自己投資，百分之百會上漲，自己是眼光和能力都很卓越的投資者。然而，很遺憾的是，虛擬貨幣的價格上升從來都跟他們的預測無關。

## 03 我們一起去印鈔票！

若在短期內有高獲益，大家都會認為是自己能力很強，我也是這樣。在價格下跌時購入，之後價格上漲就賣出，只是重複做些單純的行為，一週內獲益卻超過百分之二十。賺錢竟然這麼容易？那時就想起以前不知道在那裡聽別人說過，錢不是人賺來的，要讓錢滾錢，同時也慶幸自己還好現在加入了幣圈。

後來就到了那一天。虛擬貨幣二十四小時都能交易，但到了特定時間，走勢圖會大幅震盪，也就是上午九點。大家應該都知道，到了上午九點，就能看出哪些貨幣是牛市、哪些貨幣是熊市。那天九點一到，我買的其中一個貨幣開始瘋狂似地竄升。

雖然不知道這是什麼利多的機會？誰會買在這麼高的高點，但價格在幾分鐘內翻了兩倍，過了幾分鐘翻了三倍，一副快要衝破天花板的氣勢持續上漲。在短短三十分鐘內翻了四倍，然後回到兩倍的高度，接著沉澱下來。

那瞬間我好像被什麼東西吸引住一樣持續盯著走勢圖看。那種快感就像從速限一百公里的道路上改道開上無速限的德國高速公路，而我的車從原本的普通中型車突然變成超跑，無視速度限制，盡情踩著油門。在那時刻周遭的一切都被快速遠拋。當然這種超跑的問題就是速度越快，油耗量越大。儘管我立刻減速了，但我有信心，我買的不是普通的虛擬貨幣，是有潛力能再次攀升的超級貨幣。

體驗到印鈔的快感後，我變得更大膽。投資額開始增加，一次買賣的金額也提高了。儘管市場上充斥著各種可能性和擔憂的說法，但我只選擇將注意力放在我的體驗和正面的訊號。「到目前為止都很順利，哪有什麼問題？」我覺得以這個速度，立刻就能再翻個兩倍、三倍。以前我只有聽別人說過靠虛擬貨幣賺錢，但現在我確信，那不是別人，是我。

現在想想，當時的我實在是過度勇敢，甚至覺得我應該要拿勇氣可嘉獎，怎麼可以不頒給我。俗話說：「初生之犢不畏虎。」而我就是那隻小牛。大部分虧損的人應該都有跟我一樣的經驗。

也就是說，不是以客觀的指標和資料為基礎來投資，光憑自己主觀的情緒和感受。在這種情況下，運氣好的時候會賺到錢，但過沒多久，就會遭遇到投資失敗和虧損。問題是這些人並不知道自己的投資方法是錯的。必須等支付昂貴的學費，也就是經濟虧損後，才不得不接受自己是錯的。

精神科醫生亞倫・貝克（Aaron Beck）說：「我們的情緒和行為並非取決於客觀的現實狀況，而是決定於以主觀建構的現實狀況。」也就是說人不會單純地看這世界上的一切，而是會忽略客觀的事實或狀況，只看自己想看的、只相信自己想相信的。

焦慮的投資者特別傾向於忽略無數個預測會有虧損的證據，只看自己想看的東西，這稱為武斷任意的推論。舉例來說，某個虛擬貨幣現在的價格相較於高點已經下跌很多了，單憑這個原因就能讓焦慮的投資者認為，如果現在買入，價格就會上漲。無論是哪種投資，正確的做法應該是綜合各種資訊後決定要不要投資，尤其投資大筆金錢時更應該如此。

然而，虛擬貨幣的問題在於幾乎沒有地方會提供這類的資訊。「儘管震盪幅度很大，但跌了之後又會升、升了之後又會跌」，除了這種說法之外，沒有什麼可以相信的。我買的貨幣會繼續跌還是會止跌回升？能做為參考的資訊實在太少了。沒有什麼情報能讓我判斷該買還該賣，所以往往只能憑靠個人的感覺。結果在許多指標都無效的情況下，購買的原因純粹是現在的價格在比較高點低，或是因為之前某個有影響力的人提到特定貨幣後，該貨幣價格就上升，而這次他也提到了，所以之後應該會上升。其實這就跟隨便買個東西後，期待它上漲沒兩樣。然而，當時隨便買什麼都會上漲，所以只是沒有方法可以驗證「自己武斷任意的推論正在釀下大錯」罷了。

投資者容易失敗的另一個錯誤就是「過度解讀」或「片面解讀」。正式開始投資後，我覺得自己好像具有某種非凡的能力。我每買必漲，如果擁有這種程度的獲益能力，我根本不用羨慕華倫．巴菲特。原本我把虛擬貨幣當成一種未知的生物，戒慎恐懼地對待它，但現在我認為自己似乎已經瞭解到某種程度。雖然比別人更晚才加入幣圈，但我憑藉自己出色的分析力和大膽的實踐力而得到了這種程度的獲益，我對於自己的行為滿意到極點。

當然並非所有的投資都成功。有一次我並不知道隔天就要合併的情報，只因為價錢下跌就買入，結果隔天損失超過百分之二十，我發現之後大吃一驚。然而，對於這類型的幾次損失，我片面地解讀為只是運氣不好。我會像這樣選擇性地過度解讀或片面解讀某些事件，讓自己的行為合理化，目的是讓自己能名正言順地繼續投資。如果我的結論是，因為能力不足才造成持續虧損，那麼合理的做法應該是打消念頭、不再投資，這麼做也是更有利的選擇。然而，想要趕快賺錢、想要變成有錢人的慾望讓我無法理性判斷。「有賺錢都是因為我能力好，沒賺錢只是運氣差」我被自己的想法蒙蔽了。

即使在投資虛擬貨幣的過程中犯下許多的錯誤，我還是沒有停止投資。我看著一天天增加的獲益，安慰自己一切都會越來越好的。

當我算到「只要用這種方式賺錢，報酬率馬上會超過百分之百」的結果時，就更放膽繼續投資。當然也不是因為這樣就需要一整天只盯著走勢圖，什麼事都不做。

我只要在我想買的貨幣上設定低價通知，收到通知時就立刻購入，一旦達到我期待的報酬率就賣出。這系統真的很方便。我的工作就只有一天收到幾次通知時買入，收到賣出通知後再確認獲益。不過，這種成功的投資時期並沒有持續太久，很快就結束了。那段時間彷彿做什麼都沒差，我對於自己投資方式的自信隨著獲益增加而逐漸上升，而且當時我相信這種感覺會持續下去……。

# 04 在堅持與逃亡之間

就在我相信成功的投資會持續下去時，過沒多久，就開始出現變卦了。昨天還相當熱烈的貨幣市場，今天卻突然急速冷卻。在虛擬貨幣走下坡的第一天，我壓根沒想到往後會發生慘不忍睹的暴跌。在我收到低價通知後，我就照慣例開始買進，才沒過幾分鐘，又聽到我之前為了因應更低價而設定的低價通知。其實在震盪幅度相當大的貨幣市場中，下跌超過百分之十並不奇怪。然而真要說哪裡不一樣，那就是幾乎所有的貨幣價格都一致地下跌。雖然心裡有種不祥的預感，但只是一種感覺，並不確實。我決定看著新買的貨幣，持續確認狀況。儘管我已經定下停損點，但看到一次暴跌超過百分之二十時，還是有一股強烈的不安襲來。價錢跌破停損點後還在下跌，等到它停止下跌時，已經低到我難以出手，應該是說已經「出不了手」比較貼切。如果是投資經驗豐富的人，應該會更聰明地應付這種情況，讓損失降到最低，偏偏我經驗不足。

我所相信的只有一件事，也就是「下跌後會回升、上升後會下跌」這個單純的道理。我覺得應該只是因為上個周末幾乎所有的項目都是持續上漲，現在才會下跌，明天應該又會漲回來。當時我只能忍耐。然而，隔天價格還是持續下跌。雖然沒有跌得像昨天那麼多，但也是超過百分之十，我相信如果到今天還在跌，表示已經跌了很多，明天應該會上漲。然而，我的預測沒有根據，只不過是我的願望。

我還為了防止虧更多錢、快速賺回本金而加碼買進，就是所謂的追高殺低。然而，看到隔天依然沒有回升的價格時，我的直覺告訴我應該是哪裡有問題。雪上加霜的是，新聞連日都在報導利空的消息。金融主管機關說，虛擬貨幣價格充斥著泡沫，政府無法保護投資者，請自行解套。看著價格在這幾天持續下跌，知名人士說之前的價格高到不正常，所以下跌是必然的現象，甚至還有專家說，應該要跌得更多。聽到他們的說法後，我開始擔心，那我怎麼辦？我投資的錢算什麼呢？他們怎麼可以講得一副事不關己的樣子？氣死人了。他們的說法對善良的民眾來說就像無數個詛咒一樣。

連日的跌幅並不只有我快要抓狂。討論版上的文章氣氛已經有一百八十度的改變。原本上傳獲益截圖、高喊要一起印鈔票的人，對突如其來的下跌提出各種解釋。有些人說這只不過是「散戶出走」。散戶出走是股票市場裡常見的現象。握有大量股票的勢力會故意讓股價下跌，嚇走小額投資人，讓他們用低價售出股票，等價格跌到夠低時再買回來，如此推升價格，大撈一筆。也就是說，在虛擬貨幣市場裡，持有許多虛擬貨幣的人，也就是那些大戶正在讓股價下跌。這個分析說的煞有其事，版主還說為了能度過這場危機，需要通過「男子漢大考驗」。他們說這種夢魘般的下跌對像我這樣怕得要死的人來說，只是一種膽量測試，他們大方地鼓勵我不要害怕、要堅持下去。聽到這種話之後，我放心了許多。按照他們的說法，不久後應該就會明顯看到價格反彈。

不過，這種樂觀又有希望的鼓勵並非事實。不只韓國，美國政府也說會創設持有虛擬貨幣的稅制，各種看似干涉虛擬貨幣的新聞連日如雪片般出現，也有很多人提出各種理由，悲觀地表示貨幣市場的牛市只到這裡，這種說法也沒錯，虛擬貨幣秉持的「去中心化」的概念沒道理受政府干擾，我們原先架構的貨幣制度是建立在政府經營的基礎上，但「去中心化」卻在鼓吹說要擺脫那種統治和支配。而且韓國的虛擬貨幣比其他國家交易所的價格更高，其他國家可以便宜購入，但掛上韓國，也就是「Kimchi premium（泡菜溢價）」的頭銜後，就會賣得很貴。雖然看起來很像詐騙、非法炒作匯率那樣的非法交易，但當時並沒有能控管的方法。貪心的資金家當然不會拒絕這種容易上手的誘餌。我可以理解政府會擔心國家經濟因此外移。另外，長期投資虛擬貨幣的人提到他們之前也經歷過太多次的暴跌和暴漲，然後說這次還稱不上是暴跌。同時也有一種近乎世界末日的說法正在發酵著，那就是「現在還沒真正進入谷底」。

不安的心情如野火般蔓延。大家的經驗都不多，都是因為聽信其他人說了，才會自信滿滿地進入，所以不知道究竟哪邊才是對的。而且撇開是非對錯不談，我對於該相信哪一邊也毫無頭緒。這種時候，我理所當然地會選擇接受對我有利的一方。不過，這並不表示我的不安就消失了。

人在不安時反而會笑出來，會努力否定自己身處的狀況或戲劇化地表現得像沒什麼事一樣，相信自己充分有力量能應付這一切。同在貨幣市場裡的這些人也都一起承受虧損，但大家依然努力發揮幽默感。不久前上傳獲益截圖的人，現在開始承認自己當初買在多高的地方，然後發出求救訊號：「〇〇樓（自己當初買的價格）還有人！」這麼一來，沒過多久，就會有人表明自己買在更高的地方，買在同樣位置的人則會互相問候，彼此安慰。

以前，我幫上班族患者諮商時，許多人都會問我：

「只有我會這樣嗎？」

大家都很好奇，是不是只有自己會煩惱某個問題、因那問題而感到煎熬，還是其他人的煩惱也跟自己差不多。說實在的，別人的煩惱和自己一不一樣跟自己能不能解決問題完全是兩回事。但如果聽到其他人的狀況也差不多，或是有人比自己更嚴重，就會有種鬆了一口氣的感覺。因為儘管我們不認識彼此，卻都是連結在一起的，光是聽到陌生人的痛苦，也會有種同病相憐的感覺而互相憐憫。

有人說自己是小額投資者，也就是「散戶」，但不是被趕到高點上，是黏在高點上。他說「黏在高點上」，然後附上一個很有趣的畫面。在極力否認自己無力感的言語中，出現了一位捕食者，可憐獵物在遇到危險時就讓自己的身體膨脹，黏在捕食者身上。也許是因為他們覺得說這些話至少可以讓自己看起來是個能積極處理危機的人。這是一種精神勝利法。然而，我們都很清楚，從說出這種話的時刻起，我們都更靠近失敗，而非勝利。

我也像他們一樣，花好幾天確認到底從我買了之後跌了多少，到底是什麼時候開始等待救援人員。雖然心中期待著「反彈」這救援人員總有一天會過來的希望，努力安慰自己說不要像散戶那樣思考，要像大戶那樣行動，不過，抱持著毫無根據的希望就等同於站在通往更大的絕望的捷徑上。

不管是明天還是後天，都只有壞消息。到處都看不到我期待的反彈跡象，反而滿滿都是下跌的證據。看著連日下跌、如鋒利刀刃般的走勢圖，我的希望也破滅了。

# 05 恐慌性出售讓我認賠出場

那天早晨就跟以往沒什麼不同，我一睜開眼睛就抱持著僥倖的心理，點開交易視窗。儘管通宵等待奇蹟出現，但價格依然跟昨天沒有太大的差異。不知不覺間，我已經不忍直視如雪球般持續增加的虧損，於是趕緊放下手機。忘了是從什麼時候開始，陷入絕望的我變得不想上班，不想活動，甚至不想思考。勉強起床後，身體就像我虧損的金額一樣沉重，但我的精神卻變得極度敏感。彷彿只要再往前多踏一步就會無止境地墜落，籠罩我的已經不只是危機感和不安，還有恐懼。

雖然我還是會去上班，但工作都心不在焉。我不知道時間怎麼過的，就突然到了中餐時間，當我在餐廳裡坐下要開始吃飯時，身邊的人都是在討論虛擬貨幣，因為將近十天都是連續下跌與暴跌，上午又暴跌了一次。投資虛擬貨幣的人當中，像我這樣無法告訴身邊的人、只能在內心呻吟的不只一兩個人。沒有投資的人在十五天前還覬覦著連日創下新高的比特幣，遺憾地說：「如果我有錢也會投資。」也許他們之前很後悔，當身邊的人加入幣圈時就該聽勸、不要猶豫，但現在虛擬貨幣價格暴跌，因為投資標的不是實體的商品，所以就跟賭博沒兩樣，他們應該現在一定很安心，慶幸自己不貪心。或許有人會覺得跌到這種程度就是起點，現在更該加入冒險，就跟我當初進入貨幣市場的時後認為「現在就是機會」一樣。每個人想的都不一樣，但我很清楚知道，我是當中最可憐的人。

離開餐廳後，我點進討論版，發現許多人說這季就像２０１８年大暴跌那樣已經到盡頭了。看來連一直以來喊著要衝的人，都接受這大暴跌是既定的事實了。已經有相當多的人因為無法再承受更多的虧損，開始恐慌性出售。雖然不知道這是不是龐大的資本勢力引起的「散戶出走」，但實際上這種事情正在發生。許多投資者無法承受更多的虧損而開始拋售，所以到了下午價格又掉了。看著無止境掉落的走勢圖，有一股恐懼襲來，我害怕會失去所有投資的錢。今天好像就是貨幣市場的末日，而在無法挽回的局勢中，我知道我所能做的只有祈禱，這讓我覺得自己更淒慘。

許多人無法再堅持，喊著要認賠出場。他們上傳已經出清所有貨幣的截圖，留下苦澀的祝福「大家都要投資成功」後離開。看到這樣的人，我也在煩惱到底該不該離開。因為還是有不少人喊著要堅持下去。他們的說法是，虛擬貨幣市場總是會發生這種狀況，並不算什麼，別大驚小怪。

我已經相當疲憊了。這十幾天來，不管是黑夜還是白天，我都像被人掐著脖子拖行一樣，不安、焦躁、憂鬱、無力感傷得我體無完膚。現在我真的很想放棄，不想再被拖著走了。

如果要擺脫這夢魘般的狀況，我也要下定決心開始選擇才行。雖然目前為止都抱持著總有一天應該會回升的信心，但看著一再瘋狂似地下跌的價格，讓我的信心開始動搖。難道真的就像長期持有虛擬貨幣的人說的那樣，只要堅持就會勝利嗎？但在我看來，堅持會勝利只不過是事後諸葛的解釋罷了。在2018年虛擬貨幣暴跌後，很少有人能預料到會再次發生這樣的事。聽說有人把自己買的數十顆比特幣放在電子錢包裡面，卻因為忘記自己鎖上的安全密碼而無法換成現金。另外，四年前虛擬貨幣掀起熱潮時，價格達到高點，看看那些四年前堅持的人上傳的截圖，不知道什麼時候能像他們那樣上傳，我沒有自信能再堅持這種不切實際又茫然的希望幾年。我覺得如果價格再往下掉，就根本無法挽回了。存了好幾年的種子基金已經少了一半，要是再跌個三倍、四倍，我應該無法原諒衝動地加入幣圈的自己。

最後，我選擇認賠出場，並且打電話給老婆，聽到老婆在電話另一端的聲音。雖然我猶豫著該怎麼說，但現在連思考的時間都沒有。

「我覺得再這樣下去不行。再跌下去真的不會有結果。」

老婆察覺到我的聲音不太對勁。她阻止我，叫我再忍耐一下，現在已經跌成這樣，不應該賣。老婆說已經跌了這麼多，之後至少會反彈一點回來，但我不這麼想。對於暴跌的恐懼，已經向我傳遞無數次應該要逃走的通知。我跟她說：「真的對不起。我沒辦法再看到它跌得更多。」聽到這裡，她覺得沒辦法再阻止我，萬念俱灰地說：「你自己看著辦。」

我就是這樣認賠出場的。賣掉所有貨幣的瞬間，片刻都不停息地追著我的、害怕虧損的恐懼消失無蹤了，因為虧損已經成真。但另一方面，等待著我的卻是，「必須承擔已經成真的虧損」的恐懼。

我好可憐，就像被捕食者弄得遍體麟傷，好不容易才逃走、保住一條命的獵物。到底是怎麼會變成這樣……現在該怎麼辦……。腦中充滿各種想法，但我太累了，一心只想趕快回家。拖著疲憊不堪的身軀走出公司，把自己裝進車上，回家的路上，我的思緒非常混亂，已經搞不清楚了，什麼事情都不想思考。

回到家之後，老婆正在等我，她問我後來怎麼樣了，真的全賣了嗎，我回答：「對！」老婆當場癱坐在地、痛哭失聲，我也忍不住哭了起來。擺脫恐懼之後等待我的是，名為「失去」的深深的悲傷。我們就這樣哭了好一陣子。委屈和絕望交織在一起，遍布全身。我認為自己也算是很努力生活的人、也算是很善良的人，可是短短的幾天當中，我們生活累積的成果就像被突襲的颱風掃蕩過境一樣。我開始埋怨天，原本以為現在起終於可以過得比較自在，能為女兒買更好的東西，為什麼連這麼微小的希望也無法成全呢？儘管再怎麼抱怨也無濟於事，而且又不是別人，是我自己一手造成的，但至少要讓我吐吐苦水，起碼要這樣才能撐得下去。

那天晚上我做了一個夢。夢中我在空無一物的空間裡雙膝跪地。過了一段時間後跪著的形象越來越模糊，後來就消失了。我沒想到自己竟然會就這樣直接消失，對於消失的害怕與悲傷讓我在夢中哭泣，而驚醒呆坐在床上。明明只是失去了錢，但那感覺就像是，為了存下那筆錢所辛苦過的生活和回憶都伴隨著一起消失。佛洛伊德說：「夢是一種無意識的國度。」在無意識中，我害怕失去所有的錢，連「自己」都可能會失去。一想到自己可能會在瞬間失去以前努力生活的種種，心裡只剩下恐懼和絕望，因此「至少要守住能守住」的急迫想法，讓我認賠出場。

也許有人會說認賠出場的人都很笨，也可能會說，不清楚投資的人太魯莽地投入、沒什麼經驗才會虧損，都是自己的責任。這些話都對，沒有說錯。但對我而言，對錯並不重要。我覺得比守護錢，更重要的是守護「我自己」、守護「我的生活」。這就是我所能盡的最大努力。

# 06 下定決心要挽回虧損

很多人說，無論是虛擬貨幣還是股票，在賣出之前都還不算虧損，於是他們才決定堅持。然而，有時候看起來讓虧損成真反而更好。我在討論版裡看到有一個人是在2017年虛擬貨幣大漲的高點買進，就算以今年的最高價來算，也虧損了百分之五十，而且現在又繼續下跌。他的心情會如何呢？等了四年後迎來牛市，帶著今年無論如何一定能擺脫虧損的期待和希望，但開始出現的暴跌讓他的期待和希望瞬間破滅，就像在高高低低的猛烈價格海浪襲擊下瞬間無力倒下的沙堆一樣。後來他們又開始堅持，抱持著茫然希望，努力安慰自己說，總有一天能回本，順利的話搞不好還能賺到錢。不過，我並不想那樣放任卻什麼都不管。起碼要做點什麼，似乎這樣才能證明認賠出場並不是錯誤的選擇。

老婆非常失志。她應該也體驗到至今生活的一部分消失的失落感。我們年輕歲月並不像別人那麼自由。我們兩個人都讀書讀到很大的年紀，在醫院完成臨床心理師住院醫生的課程後，發現自己突然超過三十歲了。年輕時賺到的錢並不多，再扣掉學貸後，留在手中的已經沒有多少。儘管已經工作將近十年，但不知道為什麼存錢的速度如此緩慢。我們結婚後一開始是先貸款租房子。（譯註：韓國其中一種租屋方式是支付約房價的三成到八成的押金，之後每個月無須繳納房租）雖然房子不是非常好，但相較於結婚前只能住一房和兩房，新婚時的住家已經好到不能再好了。儘管那不是自己的房子很可惜，可是當時我們覺得完全沒關係，而在原本只有兩個人的家庭裡，女兒誕生後就變成了三個人。我們一致地認為需要「我們的房子」，也就是需要一個能讓女兒出生後安穩地度過童年直到她念完書的「我們的家」。

我們詢問過以我們的存款能購買的房子，但都找不到滿意的物件。位置好的房子太老舊、空間太狹窄，喜歡的房子價格太貴。後來決定向銀行借款，填補缺口，選擇範圍才多了一點，到那時才找到我們喜歡的房子。我們找到某電子公司提供給印度員工的研究院，儘管那裡充斥各種香料的味道，但價格很適合，於是我們簽下了那棟房子。我們終於達成購置自己的家的夢想。雖然需要貸款，但只要腳踏實地工作，還款不是問題。

後來就在我們努力工作，好不容易還完了一定程度的債務時，房價開始無止境地飛漲。我感受到大家說的那種不安，好像只要稍微不注意就會變成乞丐。我到書店繞一圈，讀著關於房地產和理財的相關書籍，煩惱該怎麼辦才好。我也是苦過來的人，好不容易才有了今天，之後才開始大膽地拿出千辛萬苦存下的種子基金進行第一次投資。所以看著這一切就這樣不翼而飛時，我沒辦法什麼都不做。

認賠出場的隔天是星期六。我非常憂鬱。動物身上出現傷口時，會先進入隱密處躲起來，直到傷口痊癒為止。我躺在床上，連一步都不想動。然而，不管我有多憂鬱，這世界依然在前進著。早上一睜開眼睛，七歲的女兒纏著我，要我陪她一起出門去騎腳踏車。下午有個我曾參與設計的自殺防治教育講座。雖然我不想動，但還是要出門，我現在一心只想立刻去跳海，卻要進行自殺防治教育，多諷刺啊！生活並沒有因為虧錢就結束，我下定決心，至少要打起精神做完現在被交付的事。

起床洗漱後，我拆掉女兒四輪腳踏車上的輔助輪，讓腳踏車變成兩輪的腳踏車。一開始我會幫忙扶著座椅，不讓她跌倒，但維持平衡並不容易。裝上輔助輪的時候，她可以自由自在地騎，但一拆掉手掌大小的輔助輪後，感覺就非常不一樣。女兒從小就展現驚人的毅力，無論什麼事都想要獨力完成。雖然不順利時會煩躁、大叫，但終究還是要自己做到。她說她已經大概抓到感覺，要一個人騎騎看，她的腳踩上踏板後，轉了一圈、兩圈，然後失去平衡。後來嘗試幾次後，就可以踩在踏板上轉兩三圈，過沒多久，已經可以獨自騎超過十公尺。目睹別人成功的瞬間都會內心激昂，當孩子高興又興奮地喊著：「爸爸！媽媽！我會一個人騎兩輪的腳踏車了耶！」那是我們兩夫妻一輩子都忘不了的感動時刻。**似乎無論有多辛苦，絕對不會只有絕望。**我產生了一個念頭，不要因為一次跌倒就受挫，只要有毅力地持續做下去，沒有什麼是做不到的。連七歲的女兒都不怕失敗，跌倒後還會重新站起來，終究做到了！

我下定決心要挽回虧損。我不希望在老婆和女兒面前淪為一個投資失敗的人。我暗自決定後，覺得自己充分能做到。當然需要一些時間，但我相信只要我冷靜沉穩地去做，不要太過急躁，總有一天能挽回的。幾天前我也是以自己的投資原則和方法賺到了錢，所以雖然現在的種子基金比之前更少，但我認為充分有機會能挽回，不，一定要有。似乎這樣才能挽回我那像虛擬貨幣價格一樣跌到谷底的自尊心。

我重新開始投資虛擬貨幣，結果整夜的下跌趨勢停止了。所以只要我賣了就會漲嗎？雖然當初我認為只要多撐一天就可能會減少虧損，但我決定不要後悔。因為任何人都無法精準預測明天的價格會升還是會跌，而且就算回到過去，我還是會做出一樣的選擇。停止下跌後就會回升了吧？**以本金來說，下跌的情況也是一樣。**即使如此，當我看著回升的價格，還是只有後悔和遺憾，應該要再撐一下，但也無可奈何了。

不過，我還是要重新開始。現在起真的不能安心，我一再下定決心，要顧好本金，同時要彌補虧損。長期持有變動性高的虛擬貨幣看起來非常危險，當然這裡說的長期，並不是買了之後持有好幾年。要不然我也不會在短短幾天的時間賠掉一半的錢。而且在日夜不停交易的貨幣市場中，白天價格好端端的到晚上突然下跌，也是常見的事。

只要我還醒著就會交易，我的策略是當天買進、當天賣出，也就是炒短線。短時間內取得獲益並不是為了得到滿足，純粹是因為我不知道價格什麼時候會下跌，我害怕自己面對虧損時會來不及應對。而且我跟老婆說好，每當獲益達到一定金額時就會匯給她。這麼做的目的是保護本金，也是讓老婆放心。設定短期目標後持續達成，累積成功經驗，這就是我的戰略。後來每隔兩三天都有獲益進帳，讓我們夫妻倆重新擁有希望，不僅能找回本金，也能因此證明之前的努力並沒有消失或白費。

現在正值風光明媚的四月。林立在家門前河川兩側的柳樹無比鮮綠，去年整個冬天都可以透過光禿的樹枝縫隙間看見流動的水面，現在景色已經都被綠色填滿了。家門前馬路上的車流一天也不漏地出現，好天氣時遊樂園到處都是兒童的景色依舊，但我改變了，我日夜都被投資虛擬貨幣綁架著。

我只想能盡早擺脫這狀況，回到日常生活。雖然身體和精神都很疲勞，但內心卻變得平安。我認為一點一點彌補損失，正是充分展現出我對虧損負責的態度。

# 07 陷入虧損的泥沼中

沒過多久，又進入了另一個夢魘。原本虛擬貨幣的價格都只有微幅的變動，卻突然開始出現連日下跌。我不能再看到本金虧損，但也不能因此就中斷每天在進行的投資。我就像一個罪人一樣著急，彷彿如果什麼都不做，刑期就會延長，我一心只想趕快從虧損的監獄中脫離。儘管還在下跌，但前一天我已經買好了，充分能因應跌價的狀況。不過就在我買了之後，價格又再次暴跌。我又開始害怕了。就像跟先前遇過的猛獸再次四目相接時的害怕和恐懼。先前我努力要隱藏，表現出什麼事都沒發生的樣子，但現在還感覺得到尚未痊癒的傷口在隱隱作痛，可是也不能因此就逃走。我再次動彈不得，什麼都做不了。

偏偏隔天是兒童節。之前落入虛擬貨幣圈套裡掙扎的期間，我疏於陪伴女兒，所以這次想送給她一段美好的回憶。我想起以前我們家也不寬裕，但至少在兒童節這天會牽著父母的手一起走進人潮熙來攘往的遊樂園。我希望能創造出女兒能一輩子珍藏的兒童節回憶，讓她感受到無比的幸福。

不管虛擬貨幣價格怎樣，至少那一天我想留給女兒。現在已經要從幼兒變成小孩子的女兒說要去民俗村。雖然是民俗村，但那裡有一邊是小型的遊樂園，她說想要搭大怒神和海盜船。我們一家人走向民俗村。風徐徐吹來，天空很藍，樹木很綠。樹枝在風的吹拂之下看起來相當鮮綠。在民俗村的入口處，等著進去的排隊人潮拉得很長。看到父母牽著年幼子女的手排隊，就可以知道他們都帶著跟我一樣的期待來到這裡。我們穿過來來往往的人潮，走向遊樂園。那裡已經有很多人排隊等著搭遊樂器材，我們也排著隊，等著搭女兒最喜歡的大怒神。由於要等好一陣子，我便打開手機的虛擬貨幣交易程式，結果昨天買的貨幣價格又跌了。原本我希望至少要在這天專注在女兒身上，但內心中的憂愁依然揮之不去。

我們搭了幾個遊樂器材、買些點心吃，也買了有紀念價值的玩具交在孩子手中，再一起回家。看來她很喜歡不特別卻帶點復古情調的玩具，她連續按著按鈕幾次，我看著她便陷入深深的自責中。我問自己，到底我在做什麼、是為了什麼而放棄今天。但是在認賠出場後，我那不想放棄、想找回本金的決心又該怎麼辦？我開始糾結。

到了隔天，我買的虛擬貨幣價格依然沒有恢復，我又要面對選擇，要像之前那樣等待價格回升，還是要儘早認賠出場？前幾天連日持續下跌和暴跌的記憶就像海嘯一樣湧上心頭。但值得慶幸的是，以我前幾天才開始投資的本金來說，現在還不到負值。煩惱到後來，我決定再多忍耐一天。投資虛擬貨幣越久，只有一件事越來越擅長，那就是面對虧損時的忍耐力。我依然害怕明天也不會有什麼不同、不知道什麼時候又會暴跌，這種不祥預感讓我一點一點產生了想要認賠出場的決心。太虛空了。幾天來我一直被綁架著，好不容易抵銷一點虧損，但獲益就像握不住的沙。當我覺得已經抓住時卻在不知不覺間溜走，我才發現我的手總是空的。

我陷入虧損的泥沼中，當我越掙扎地想要掙脫，就陷得越深。有手有腳有什麼用？當我落入無法自由活動的環境後，我才體會到這就是一個泥沼。

我很難繼續無法維持平常心了。

回家路上，我開上高速公路，開始在車裡大吼。到底該做什麼才能擺脫虛擬貨幣的圈套、虧損的泥沼？我吶喊出心中的鬱悶，後來我發現自己正在流淚。眼淚流完後，浮現出老婆的臉。過去幾天來，一有獲益就立刻匯到她的帳戶裡，但這幾天無消無息，我很清楚她又會擔心是不是虧損了。我不想再讓老婆失望。我腦中閃過一個想法，還是乾脆我先從本金裡扣除一些錢匯過去，之後等有獲益再補回來。在那片刻，雖然很短暫，但我竟然在猶豫要不要騙老婆。

那瞬間我慌了，沒想到我已經逐漸上癮了。更令人吃驚的是，我任職的研究所所長就是《怎麼搞的竟然在賭博》（譯註：尚無中譯本）的作者，就是研究治療賭博與成癮的專家申景哲（音譯）教授。教授去年寫完成癮治療的書籍後，送給我一本，並在書上寫「祝你一生幸福，不會成癮」，我當時回他說「我哪會啊？」然而，對比現在我身處的情況，我又流下遺憾的眼淚。教授的書裡提到成癮者最擅長的就是撒謊。他們起初也沒有企圖要撒謊，後來卻會開始欺騙家人，然後又為了圓謊而繼續說謊。到後來，一開口隨時都在撒謊。我當時看到那些成癮者的故事，還納悶怎麼會有人欺騙家人去賭博呢？但現在我卻正打算這麼做。

回到家後，我坐在餐桌準備要吃晚餐，還好女兒上鋼琴課還沒回來。我一直觀察老婆的表情，思考該怎麼說出口，但除了揭露虧損這事實之外，我想不到適合的話。我如實告訴老婆虧損的事，說完後我很害怕聽到老婆的回應。我擔心她會不會怪罪我沒有能力、沒有責任，然而，她卻安慰我，告訴我說沒關係，她說錢失去後要再賺回來雖然沒有那麼容易，但是就算沒有那筆錢，我們家的生活也不會立刻受到影響，叫我不要太在意。聽到她說「如果能挽回了一點點就太好了，但沒有也沒關係」，我的情緒立刻潰堤，像個孩子一樣哭了好一陣子，彷彿之前忍耐的眼淚一次爆發出來一樣。老婆為我和女兒訂了去濟州島小舅家的機票，希望我能去那裡冷靜一下再回來。

如果想脫離泥沼，就要全身放鬆，但我反而掙扎地、迫切想挽回虧損、擔心可能會永遠都找不回失去的，這些貪心、害怕讓我陷入更深的泥沼中。去濟州島的那天，我把手機裡交易虛擬貨幣的程式刪除了，感覺到自己終於脫離泥沼、雙腳踩在土地上的真實感。不確定女兒知不知道我這樣的心情，因為光是能搭飛機就讓她相當興奮。她拿著一個手掌大的手提包，說那是自己的包包，然後把餅乾、髮夾，以及兒童節收到的玩具放進去。看著女兒時，我領悟到，生活中實際需要的東西並不多。

搭上飛機，在飛往濟州島的旅途中，我隔著窗戶望著濟州島的碧綠海面和高山，覺得我被根本摸不到的獲益迷惑了，不曉得真正重要的東西是什麼，我覺得過去這幾個月來非常空虛。

我決定要承認自己虧錢了。跟我的能力比較起來，我想要的東西太多了，結果貪念讓我走向虧損。活到現在，我一直以為自己很聰明，但那是錯覺。累積知識而獲得他人的認定並不等於是聰明，那只是擁有很多知識罷了。很多人即使知識豐富依然愚昧。其他事情可以不知道，但如果不瞭解自己，這就是愚昧。我不瞭解我能力的界限、不懂得謙虛，太過自信而起了貪念，所以到後來虧損也是必然的。

# Chapter 02

# 一起渡過「失去」的過程

在渡過「失去」的過程時，面對內在的情緒似乎快要吞噬整個生活。然而，覺得不舒服、難以接受的這些心理情緒都有其意義。我必須撐過在虧損過程中感受到「失去」的這些情緒，才能回到日常生活。

# 01 虧損不是單一事件，是過程

當自己投資的物品價格下跌，人們就會擔心可能會虧損，而當虧損的可能性增加時，就會衡量自己能承擔到什麼地步。那時，當虛擬貨幣的價格暴跌時，也會看到投資經驗不足的人在討論版上詢問，有沒有可能會發生自己損失的金額會超過自己投資的金額。以常識來思考，失去的錢比投資的錢還多並不合理。但是，當大家看到這個提問之後便開始為陷入恐慌，幸好有人出面為投資初學者解答，他在留言中說明，損益率是負百分之百時，就代表本金等於零，並繼續說明虧損的金額不會比投資的金額更多。

然而實際上有很多情況是，就算損益率還沒到負百分之百，失去的還是比投資的更多，因為我們投資某項東西的時候不單只投資金錢，會連同時間、希望一併投資進去。我也是一樣，我耗費數不清的時間察看走勢圖，專注在交易上，一有獲益就燃起希望，期待我未來的生活比現在更寬裕。正因如此，當我們失去錢的時候，便失去了為了賺得所失金額而付出的努力和時間的意義，也有不少人甚至因此賠掉了對未來的希望，所以更難承認並接受自己投資失敗了。

有些人即使投資一再失敗，依然期待某天能挽回虧損而繼續投資。他們反覆思索過去失敗的投資，試圖恢復被擊潰的自尊心。不過，大部分的人陷入深深的背叛感時，在情緒的支配下別說是要挽回虧損了，都是持續虧損。

人們通常在路上跌倒時，會擔心被別人看到自己悲慘的樣子而趕緊撇過頭或離開現場，不過往往都是身體已經受傷了，卻因為丟臉而太著急地想趕快站起來，結果又跌倒了。所以如果是因投資失敗而跌倒，那麼就要照顧受傷的內心和日常生活，慢慢地走過恢復的過程。

如果把自己投資失敗而虧錢的消息告訴身邊親近的人，大部分的人都是叫你忘掉，然後安慰你說，那本來就不是你的錢，或是叫你想成你根本就沒有那筆錢。然而，話說得容易，承認並接受虧損絕不是件容易的事。而且那筆錢又不是真的不是你的錢或原本沒有的錢，那種說法都是在欺騙自己，也無法在未來治療可能會經歷到的無數「失去」的傷口方面幫上忙。雖然不願意回想、雖然會害怕，但還是要檢視已經失去的東西對自己有何種意義，以及「失去」留給自己什麼。

回顧之後發現，虧損對我而言，不是一個事件或片刻，而是一個過程。這是由於虧損並不會因為我承認自己失去金錢而結束，它會持續影響我的生活。在渡過「失去」的過程時，面對內在的情緒似乎快要吞噬我整個生活。然而，覺得不舒服、難以接受的這些心理狀態都有其意義。我必須撐過在虧損的過程中感受到「失去」的這些情緒，才能讓我回到日常生活。

這就是為什麼我們必須渡過「失去」的過程。大部分的虧損絕對都無法挽回，而且勢必會伴隨著生活改變。在經歷虧損的時刻，我們被丟入「失去」的茫茫大海之中，無論我願不願意承受，因「失去」而激盪的情緒急流都將會席捲我的生活。可能會因不安、害怕而感到煩躁；可能會找個對象怪罪，推託那不是我的錯；可能會像是被別人批評時那樣羞恥；可能會為了隱藏自己的傷口和軟弱而攻擊、責備別人，也可能會對雞毛蒜皮的事搞得神經質。不僅如此，在承認虧損無法挽回以及自己的無能時，心頭會湧上無止盡的無力感和憂鬱。嚴重一點的話，有人會覺得活著已經沒有價值，陷入懷疑和絕望中，試圖以自我了結的方式逃避自己。不過，我們終究都會渡過那片汪洋而開啟生活的另一個層面。只是有些人比較快渡過，有些人需要更多時間罷了。

可以確定的是，我們會透過這個過程成長。這些帶給人深度痛苦且難以承擔的情緒將會成為成長的養分。在這個過程中會得到對生活的觀察力以及嶄新地詮釋生活的能力，它們將告訴那些是你真正期盼的生活，以及該怎麼生活。所以，不要害怕面對那些平常無法感受到的強烈情緒，我希望你能鼓起勇氣傾聽情緒的語言。我們體驗到虧損的地方是冷酷無情的，但我們的責任僅僅是要找出在那裡的經驗對我的生活有何種意義，以及接下來該怎麼生活下去。

# 02 在感到不安時，就開始虧損了

當我回顧整個投資過程，我發現從開始投資的那刻起，似乎就已經開始虧損了。從我投資的虛擬貨幣獲益小於零起，我就開始不安。當然我完全可以預料到會有一定程度的虧損，因為虛擬貨幣的價格光是一天就上上下下好幾次，所以隨時都可能是虧損，隨時也都可能是獲益。儘管虛擬貨幣的周轉率和變動性比股票更大，但過了好幾天，跌落的價格似乎沒有要恢復的跡象。即使我茫然地期待著它總有一天上漲後就能賺回本金，但跌落得相當悽慘的價格依然無情地粉碎我的期待，我的不安因此逐漸擴大。

當時的虛擬貨幣市場變得一團亂，就算政府或專家警告說將會有泡沫，許多像我這樣想搭上這股泡沫賺取獲益的人還是加入了「幣圈」，甚至連握有龐大資本的企業和機關也加入了，這就像是一片以充滿慾望的資金構成的大海。在這大海中光是細微的變動也會掀起兇猛的海浪翻騰，我能做的只有仰賴看似即將粉碎的小船，拚命堅持下去而已。即使如此，我還是在這不明朗又未知的狀態中盡全力守護曾屬於我的東西。

每次價格下跌時，腦中就會持續響起不安的警報聲，為了關閉那警報聲，我能做的只有不斷確認自己的投資金是否完好。我難以放下緊握著的手機，視線停留在走勢圖的時間越久，不安就持續越大。只要我還保持清醒，就會無數次地密切關注價格的變動，連睡到一半醒來時也帶著決戰的心情確認走勢圖。其實能迎擊不安的方法就是直接面對我一直想否認的現實、不再逃避。但我上網搜尋關於虛擬貨幣的新聞和報導時，只是希望能從知名部落客和財經專家口中聽到正面消息，讓我擺脫不安。我努力忽略會加增不安的悲觀消息，光是持續搜尋能增加挽回希望的內容，哪怕只是一點點也好。不過說穿了，這只是選擇我想看的資訊，無法幫助我做出合理的判斷。

我的生活在不安感持續之下開始變調。我傾注所有心力在應付虧損的危機上，導致缺乏心力在維持日常生活方面。首先，我無法注意家人的需求，在陪伴他們的時候也無法專注。儘管無法拒絕女兒的要求而陪她一起玩，但我的心已經被跌到谷底的走勢圖綁架了。上班的時候也是一樣，雖然還是會叫醒不安的自己去上班，但工作都做不上手。一起開會的時候，好像只有我一個人飛到了別的星球，同事說我當時「彷彿飄在空中」。另一方面，我變得極度敏感。為了應付不知何時會找上門的潛藏危機，我總是神經兮兮，以致於連瑣碎的事情都會讓我抓狂。

人在不安中會變得僵硬，就像緊張時肌肉會緊繃、不容易活動那樣，想法一旦僵硬，就無法有彈性地處理各種狀況。這種認知僵化基本上是為了控制不安的狀況而啟動的自我防禦，因此不安的人表面上看起來語氣尖銳、具攻擊性，但他們的行為其實是在拚命掙扎，以免自己受傷。

想像一下戰爭的情景，我方在持續幾個月的戰爭中損失慘重，在補給斷絕的情況下，已經沒有力氣繼續堅持。由於不知道敵人何時進攻，因此一旦發生意料外的變數，我方可能會蒙受更大的損失，所以要徹底控制，以免發生其他變數。為了達到這個目的必須不斷監視人員的動靜，確認是否發生變數。不過，要是在沒有戰爭的地方持續出現這種控制，就會出現其他的問題。安裝在我手機裡的虛擬交易所裡面正發生一場孤獨的戰爭，但現實生活卻完全不是這樣。可是我卻因不安而錯把根本不危險的地方當成危險的地方，連無法控制的東西也想要控制，於是狀況就只會越來越糟。

我想過當時我為什麼會感到不安，儘管當時虧損還沒成真，但我卻覺得我正在失去某種東西，那並不是錢，而是日常生活。我失去了對生活的控制，無法再按照以前的生活方式過日子。面對已經改變的我，我非常害怕又不安。不安是一種警報，叫我在失去更多之前趕快停止，也想告訴我「不要讓自己的生活陷入危險中」。

為了擺脫不安，我們要中斷不在我們控制範圍內的危險投資。如果我只是投入我能承擔的金額，應該就不會不安。不安會以這種方式限制我們生活中的改變。這就是名為不安的情緒滲透著我們生活的方式。

# 03 價格開始暴跌，恐懼開始暴漲

虛擬貨幣的價格可能會繼續跌，抱持著也可能會反彈的渺小希望，卻在連日持續下跌的趨勢中一天天減少。從模糊又不確實的虧損變得清楚又明確的那瞬間，我的不安轉變為恐懼。在貨幣價格一天暴跌超過百分之二十時，我就感到恐懼了。當然被恐懼籠罩的人不只是我，經驗不多的投資者正因價格無止境的下跌而戰戰兢兢著。我們感受到的恐懼是對於「消失」的恐懼。

害怕自己擁有的東西會永遠消失時，我們能做什麼呢？想像一下，某天你加完班，比平常晚一點回家。從公車上下來後，只要穿過人跡稀少的巷子就會到家。但今天不一樣，因為下大雨的關係，路上連一個行人都沒有。連平常會把路面照得明亮的路燈都沒有亮，巷子成了暗巷，伸手不見五指。這時有個身穿雨衣的魁梧男人從對面走來。壞的預感總是對的，如果那個男人是強盜，手持著凶器接近你，你該怎麼辦？

我們在這種狀況下只能做兩件事，正面迎擊或逃走。恐懼這情緒是生存所必需的，舉例來說，懼高症雖然被歸類為一種疾病，但應該要這樣想：不怕高的人反而更靠近死亡。有些人喜歡在不配戴安全裝備，直接在高聳的懸崖上拍照留念；有些攝影師會爬到高樓或走在高橋上拍攝，他們會摔死都是因為失去恐懼。所以感受到恐懼、想擺脫那個狀況而嘗試打鬥或逃跑對生存都有正面的幫助。

在虛擬貨幣的討論版上也會出現兩種完全相反的恐懼反應。一方的人說之後將會經歷如同下樓梯那樣無止盡的虧損，讓人們陷入恐懼。他們高喊，真正的下跌還沒開始，如果不想失去一切，現在逃跑還來得及。另一方的人則說，現在已經幾乎見底了，立刻就會反彈。他們說以前也有這種狀況，又不是一兩次，在谷底的時候認賠出場逃走是很蠢的。他們高喊著要堅持下去。對他們來說，堅持就是在恐懼的狀況中唯一能迎擊的武器。聽到一方警告說要逃走，另一方高喊著要堅持，我沒有頭緒該相信哪一方。兩方的說法好像都對，因為他們都提出以前的經驗。不過，要等時間過去才能知道誰是對的。

不安的時候表現出來的認知僵化，在感到恐懼時會變得更極端，因為人在嚴重的危機中，除了生存以外，無法關心其他事情。生死即將被決定，不可能還注意到其他事情，而且恐懼最後會以悲劇完成。「現在的狀況已經難以承擔了，以後說不定會達到我所能想到的最差情況」這悲劇般的預期會讓人陷入錯覺，好像實際上真的會發生那種事。在悲劇宣布緊急狀態時，就要立即讓自己脫離這狀況。

許多人在價格暴跌時都會恐慌性出售。他們害怕得發抖，連問都不問、連計較都不計較就直接賣出所擁有的事物。因為在那狀況中，他們想保護自己更勝於保護金錢。恐懼會說：「我所擁有的任何東西都可以失去，但至少要守住我自己」。

不安和恐懼看起來很相似，但其實是兩種不同的情緒。不安是對尚未發生但有可能發生的狀況感到擔心憂慮，所以也包含著「不確定」。相反地，恐懼的對象非常明確，當特定狀況發生時會感受到極度的害怕，所以恐懼比不安更強。恐懼以高濃度的顏料在我們的記憶中繪製出一幅栩栩如生的畫。就算時間久了，還是很難輕易忘記，而且會持續影響生活。

失去珍惜之物的經驗以及當時感受到的恐懼，在心理學上稱為創傷（trauma）。嚴重的心理創傷甚至會改變人的想法和行為。只要經歷過無法挽回的恐懼，之後就會逃避相關的狀況或地點，因為會害怕同樣的狀況再次發生。我們在這種恐懼之下，連面對瑣碎的事也變得很敏感、容易受到驚嚇。而且不願回想起的不愉快經驗會在一段時間內反覆浮現，讓人一而再、再而三的經歷。

在感受到虧損的恐懼的那段時期，只要受到刺激，就算那刺激跟虛擬貨幣沒有任何關係，還是會讓我想到一天天逐漸消失的投資金。看著電梯標示下樓的符號，我就會想到下跌的價格；開車時偶然間看到的車牌也會讓我感到煎熬。跟虧損毫無相關的刺激隨時都會把我的心帶到虧損的事實。

當我認賠出場後，下定決心要挽回而再次盯著走勢圖時，這對我來說也非常痛苦。只要看到走勢圖，就會想起我在恐慌之下賣掉所有東西的瞬間，每次感受到的無力和背叛都讓我蜷縮起來。即使我安慰自己說「可以挽回的、要相信自己、不要放棄」，但我心裡很清楚，我心中早已充滿恐懼。刻印在腦中的恐懼並不會輕易消失。先前我忽略危險警告而買下的虛擬貨幣，現在我也正努力賣掉，藉此降低風險。恐懼留下的創傷就是這樣讓我移動到安全的地方。

# 04 對於無法挽回虧損感到憤怒

我對於被折磨了好幾周的虧損感到不安，這不安變成了對消失的恐懼，持續籠罩著我。我在極度的恐懼之下，認為要趁失去一切之前趕快逃走，於是選擇認賠出場。恐懼這漩渦就像黑洞那樣即將吞噬一切，但就在我拚命脫離這漩渦後等待我的卻是挫折。開始投資時計畫的種種全都成了白日夢，再也看不到從前自信滿滿的我。

承受不了暴跌，宛如宣告失敗般認賠出場後，一股委屈感湧上來，那是對於身處在我不樂見的狀況中的委屈。在這狀況中能增強自信的方法就是，找出是誰害我變成這樣的。我想大發牢騷說賠錢不是我造成的，這不是我原本希望看到的。

我埋怨主管機關突然宣布許多的規定以及警告訊息，我到目前為止都這麼老實，為什麼偏偏在我投資的初期就遇到這種事。如果投資虛擬貨幣這麼危險，早就該要禁止交易才對啊！為什麼到現在才說要增加限制，造成混亂，我完全無法接受。我還想爭辯，像我這樣虧損的人又不會只一兩個，如果沒辦法保護，乾脆就不要干涉。但我很清楚，再怎麼抱怨也沒有什麼用處，不會改變已經虧損的事實，一切都是我的責任。

當人失去自己擁有的東西，感受到憤怒是很自然的。如果有人企圖搶走自己珍惜的物品，會乖乖交給對方的人應該不多。當然是因對方的行為而生氣，也是為了保護自己的東西而爭吵，所以是憤怒的。不過，在無法承擔憤怒的情緒時，或是將憤怒發在沒有任何錯誤的人身上時，就可能會有危險，也就是可能會搞砸或破壞我們生活的危險。

每次虛擬貨幣價格暴跌時，陷入挫折的人都會強烈表達出他們的憤怒。有人會摔壞每天確認走勢圖的手機，有人會砸電腦。聽說有人會破壞家裡所有的東西，把一點錯也沒有的門板打爛。這些行動都是發洩長期被不安和恐懼壓抑的內在緊張和憤怒。

然而，過沒多久，他們就會開始後悔自己的所作所為。因為已經損失金錢了，就應該要好好珍惜一支手機，而在這種情況下摔東西，除了暫時洩憤之外，沒有任何益處，而且暫時洩憤之後還要付出高額的代價。倒不如去打健身房裡的沙包或去棒球打擊訓練場練習揮棒還比較好。**無法克制憤怒而摔東西到頭來只是對自己有害的破壞性行為**。

如果我們無法控制憤怒，那麼就連對小事也會發怒、不斷抱怨。就連常聽到的父母和老婆的嘮叨也會受不了而發火，面對小挫折也會大發雷霆，咒罵說：「為什麼沒有一件事順我的意？」我也是一樣，在生氣的狀態下，心態就缺乏彈性，對於別人適當的要求也克制不了怒氣。不瞭解我的狀況或狀態的人可能會很慌張，而我意料之外的反應也破壞了長期累積下來的信賴，傷害了彼此的關係。關係一旦出現裂痕，就需要相當多的時間和努力才能好好地修復。

當這種帶有攻擊性和破壞性的憤怒達到極點時，甚至會害死自己和他人。我們在新聞上不難看到投資失敗的人因為忍不住憤怒而自殺，或是害死別人。

雖然已經有點久遠了，但美國亞特蘭大城裡曾發生一起事件，一位投資失敗的四十多歲男性開槍射殺十二個人後自殺。這位男性無法克制對投資虧損的憤怒而持槍進入證券公司的辦公室掃射。當時九人死亡、十二人受傷，他說在那之前已經殺害了自己的前妻和兩個兒子。他為了躲避警方的追擊而逃跑，後來在被包圍時自我了結。

今年初，中國有位三十多歲的男性開車以時速超過一百公里的速度撞上正在過馬路的行人。這起事故造成五人死亡、五人受傷。該名男性表示：「自己因投資失敗而感到憤怒，想要向社會報仇。」新聞推測，他投資了虛擬貨幣後，因近期價格暴跌，承受龐大虧損，結果控制不了一時地憤怒而傷害其他人。

許多人經歷到自己不期待的虧損時，會為了逃避自己的責任而找對象怪罪，並發洩憤怒。我們會疑惑「為什麼他們會這麼生氣？」，在他們憤怒的內在裡有個「一定要如何如何」的偏見。投資失敗的人會認為「我絕對不可能虧損」、「這種不幸絕對不能發生在我身上」，然後還附上其他否定的解釋「從失去金錢的那刻起，我的人生就完了」、「我是失敗者，再也沒有未來」，最後如果他更堅信自己的想法全都是對的，就會正當化自己的憤怒。這樣的憤怒會傷害到自己也會傷害到別人的生活。

不過，仔細想想，世界上並沒有什麼理所當然的事。只要投資就會有獲益，也會有虧損。有人在賺了數百億元後離開原本的公司，有人則是借錢投資，結果全都賠光，在失意和挫折之下度過艱難的日子。無論投資的目的有多好，還是多麼急切，虧損都會找上門。所以不可以把自己關在「一定要如何如何」的不合理的責任裡。

這麼說來，為什麼在渡過「失去」的江河時，憤怒會找上門來呢？

憤怒大部分都出現在我們無法控制的狀況中。投資出去的錢已經離開我的手中了。不管我接不接受，這個事實都不會改變。雖然我們無論如何都想扭轉這個狀況，但這是不可能的。在像這種無法控制的狀況中感受到的挫折感是跟憤怒連在一起的。憤怒告訴我們，要接受現在所處的狀況是自己無法控制的。

美國的神學家雷茵霍爾德・尼布爾有一段很有名的禱告文：「神啊，對於我無法改變的事情，請賜給我平靜讓我接受；對於我能改變的事情，請賜給我勇氣改變。並求您賜給我智慧來分辨這兩者的差別。」

# 05 投資失敗的烙印和羞恥帶給我的影響

投資失敗之後，有好長一段時間我都只想著該怎麼做才能找回我失去的錢。後來當我承認已經無法挽回虧損時，才終於看到我身處的世界。接著「羞恥」開始抬頭。我害怕大家在知道我投資虛擬貨幣虧損後對我的評價。人們都會對投資虧損的人指指點點，認為他們很愚蠢。當然不是每個人都會這樣，但我在那個當下真的有那樣的錯覺，彷彿全世界的手指頭都指向我。「這個人期待一夕致富而冒險投資，真是愚蠢！」「他太有自信，他的慾望已經超出自己的能力，當然會有這種結果。」這些極為合理的評價化為匕首刺進我的胸口。

無論如何都必須擺脫羞恥。於是我開始利用剩下的錢再次投資。儘管因為經歷過害怕和恐懼而不敢像以前那樣大膽投資，但如果我能逐漸挽回虧損，似乎就能擺脫「失敗者」的烙印，以及像待在監獄一樣的羞恥。在持續投資的過程中，多多少少彌補了一些虧損，因此我覺得自己還不算「失敗」。我這樣重新開始投資後就能甩開羞恥。然而，若當天連些微的獲益都沒有，或是反而虧損了，原本我以為已經甩得很遠的羞恥，不知不覺間又來到我身邊。結果我已經到了手機片刻不離身的情況，這就是逐漸成癮且執迷不悟的過程。

羞恥常常會延伸為攻擊性的行為或逃避的態度。為了能挽回損失，我設定好只要有一定金額的獲益，每隔兩三天就會匯到我老婆那裡，但過了一週，老婆都沒有收到，於是她問：

「這週是不是不太順利？」

老婆想知道我是不是正在虧損，在我說要一個人挽回損失後，表情變得戰戰兢兢，令她相當擔心。不過，我在被難以擺脫的羞恥束縛的情況下，連聽到這種問題都像是羞恥心被針扎著一樣。我對老婆發脾氣說：「我正在努力，只不過需要一點時間。為什麼要一直給我壓力？」儘管我沒日沒夜地投資，卻再次失去了大部分挽回的金額，所以我想隱瞞，希望能藉此擺脫羞恥。不過，當我越著急地想擺脫羞恥時，就更深陷在即將搞砸我的生活的害怕與罪惡感。

許多投資失敗的人都為了隱瞞自己的錯誤而說謊。最常說的話就是隱瞞投資事實或隱瞞虧損。短則幾個月，長則幾年的期間對配偶或家人隱瞞虧損，然後嘗試各種努力要挽回。就算不得不說出自己投資失敗，也會降低金額或說得好像馬上就能挽回。當然如果真的能挽回，甚至還可以賺到錢就太好了，但更多的時候是沒辦法。到最後，發現虧損已經達到無法獨自承擔的地步時，就只能向家人求助。如果家人知道實情後批評或表示無法幫忙，很多人反而會惱羞成怒。

在投資失敗而覺得羞恥時，許多人往往會為了逃避這不舒服的感覺而選擇勉強繼續投資。因為投資失敗意味著風評變差、社經地位降低，以及在競爭裡落後。但為了逃避羞恥而勉強投資，反而會引來更大的損失。

德國企業家兼億萬富翁阿道夫．默克爾（Adolf Merckle）曾因受不了伴隨著投資失敗而來的羞恥，決定奔向行駛中的火車。他在德國創立首間非專利藥品的製藥公司Ratiopharm，也是水泥公司，也就是海德堡水泥等一百二十個連鎖企業集團的總裁。他是德國排名第五的富豪，也是能排進全球一百名以內的資產家。他在2008年因全球金融危機而面臨資金問題，這時他預期福斯汽車股價下跌而賣空，但股價反而急速飆升，導致他受到龐大的虧損。他的企業因此面臨危機，結果他在2009年一月自殺身亡。

柏林自由大學經濟心理學教授Detlev Liepmann評論他的死亡時，說：「在股票市場失去財產的企業家跟膝下有六名子女卻失去工作的父親，兩者自殺動機截然不同。就算默克爾冒著風險投資而承受虧損，也不影響他的生計，但他卻因羞恥、面子掛不住、名譽受損等原因而感到痛苦。」

儘管每個人覺得羞恥的狀況各有不同，但大部分都發生在社經地位降低或在競爭落後的情況中。他一輩子都以成功的企業家自居，對他來說虧錢並不僅僅意味著金錢的損失。他為了解決資金問題曾向許多銀行或政府部門求助，卻遭拒絕，因此感到非常羞恥。求助本身對他來說意味著社經地位降低，遭拒絕則讓他感到相當羞恥，甚至到了放棄性命的地步。

其實成功的投資者也常常會經歷虧損，不過大部分的人都只提到自己的成功經驗，至於失敗經驗則隱匿不談，所以看起來就像他們投資從來沒有虧錢過。韓國名廚白種元在餐飲業上大獲成功，也在各種節目上分享自己的成功技巧，但他也坦承過自己年輕時曾因勉強投資而欠下超過韓幣十七億的債務。我們在聽到那個故事之前，都只以為他就是個成功的企業家。所以請記住，一兩次的投資失敗不代表整個人生的失敗。

在虧損成真的時刻，我也覺得生活很失敗，自尊心受損，非常羞恥。遇到危機時，無論是誰，想法都會變得這麼極端，傾向跳躍式地過度解讀問題。所以，不要被羞恥這情緒所騙。投資失敗不代表我是個失敗的人，也不代表我的生活失敗。說實在的，就算我知道我感受到的羞恥已經遠大於我所犯的錯誤與虧損，我還是不容易擺脫羞恥。因為羞恥會讓人對一切事情麻痺，很難告訴別人自己覺得很羞恥。不過，為了擺脫羞恥而做的各種嘗試，有時反而會成為誘發更大的羞恥。

能**擺脫羞恥的一個方法就是承認自己的情緒，然後告訴別人**。當我們能將情緒命名並用言語描述時，從那刻起大部分的情緒強度都會減弱，而且這麼做的時候也常常能發現陷入情緒時看不到的解決方法。當人在用言語描述為什麼會感受到那個情緒，以及那個情緒對自己有什麼意義的過程中，就能自然而然地得到控制力。此外，如果持續跟平常對自己友好的人說出自己感到羞恥的事情時，就會知道，雖然以為別人會嘲笑自己，但其實不會。

## 06 是我一手搞砸的，只能埋怨自己

渡過「失去」的期間，頻繁地找上我、讓我動搖的情緒就是自責。我很自責到了這個年紀還無法建立起對生活的價值和標準，還是會不安和動搖。在投資經驗和知識都不足夠的狀態下就過份勇敢地投資大筆金錢，賺到幾次錢就愚蠢地以為自己很有能力，「自責」不停地向我興師問罪。

總是開朗又有活力的女兒最近看起來就像洩了氣的皮球一樣死氣沉沉，因為她觀察到家裡氣氛變得不一樣，也注意到父母的表情。我真的很心疼她。想到我在這段時間被賺不了錢的投資綁架，也沒有陪伴女兒，就覺得自己好笨、對自己很失望。更痛苦的是，看到老婆因愚笨的我而受苦。我們一起開創這和睦的家庭，我卻帶著一顆隨時會爆炸的不定時炸彈進來，看到老

婆因此受了傷，這是我在虧損後最痛苦的時刻。我不僅虧了錢，還讓生活變得像廢墟一樣，我覺得自己搞砸了一切。

只要能逃，我真的很想逃走。我想逃避因為我而變調的日常生活，但我無法為了讓我的內心舒坦而不理會正在受苦的她們。看到老婆煎熬的樣子，在那瞬間我能做的最大努力就是不逃避，陪在她身邊，這個行為是在承認她感受到的情緒是合理的、是正確的。我什麼話都沒說，只能聽她說話，表達我誠摯的歉意。

會覺得羞恥是因為別人都將目光集中在我的失誤和缺失上，害怕別人因此給我負面評價。所以大家都會希望藉由挽回虧損來擺脫羞恥。相反地，罪惡感則是看到別人因我而受傷、受害後產生的抱歉和自責。罪惡感跟羞恥會在不同的方面改變人。也就是說，會讓人為了治療他人的傷口而改變自己的行為。

我每分每秒都感受到罪惡感，於是向老婆表達歉意，並且決定要做出跟以前不同的行為。以前我不知道自己在忙什麼，下班後都沒辦法跟家人認真地談到日常生活。我以前聽老婆說話時，都不懂她為什麼要告訴我這些不怎麼重要的事。儘管我們在同樣的空間，但精神上卻是斷絕的。可是，現在的我不同了，無論事情再小，我都會專注聽老婆說話，努力保持開放的心態來聽。在這過程中，我瞭解到兩件事，以前我認為不重要的那些事，其實都是老婆嘗試要跟我在精神上交流，另一件事情是，我一直以來都沒有理會老婆這樣的心情。這也讓我下定決心想要成為一個更親切的人。

雖然罪惡感有這種功能，但也要避免讓這種罪惡感延續成慢性罪惡感。因為在這種情況下的罪惡感跟羞恥一樣，不會只局限在自己的行為上，而是會擴大成整個人。罪惡感的特性是讓自己反覆思索自己的錯誤，所以不少人對數十年前發生的事依然會感到深深的罪惡感和無盡的痛苦。如果是開車違反交通規則，那麼只要繳完罰單就沒事了，但在別人身上造成的傷口並不是那麼容易解決的問題。

我思考過老婆期待什麼，她並不期待我因為虧錢而充滿罪惡感，一輩子都覺得自己是個很糟糕的人。當然還是要反省自己的錯誤和失敗沒錯，因為是我做出的許多選擇讓我的生活走向虧損，所以需要努力避免重蹈覆轍。**對於自己的錯誤感到丟臉並不是件丟臉的事，這種感受反而能讓我們避**

**免再次犯下同樣的錯誤**。羞恥和罪惡感並不是要讓我們的生活變得痛苦，所以就算痛苦也不要逃避，而是要忍耐。在忍耐當中能同理別人的情緒，也能因此跳脫自己的視野，學習對別人的傷口和痛楚表現出負責任的態度。

# 07 終於能悲傷

在渡過「失去」的盡頭會遇到的情緒就是悲傷。對於可能會失去珍貴物品時感到「不安」，當不明確的損失逐漸成為清楚的現實時感到「恐懼」，現在這些都過去了。接下來是超出我的控制、無法挽回的虧損成真時感受到的「憤怒」，對投資失敗感到「羞恥」，還有看到別人因我而傷心時感受到「罪惡感」，在一天天的流逝後，我終於碰觸到「悲傷」，到這時才真正對失去感到悲傷。

我們所投資的金錢，對某些人來說金錢本身就很珍貴，對某些人來說金錢意味著地位，對某些人來說金錢意味著能實現自身追求價值的工具。無論金錢有何種意義，「失去」這本身就很悲傷。如果這悲傷持續下去，就會讓人陷入憂鬱。

我在渡過「失去」的同時，把能量完全消耗在處理情緒上。當悲傷達到一定的程度後，才看到這段時間我沒有把自己的生活照顧好的痕跡。汽車的玻璃清潔劑已經用完很久了，明明這種小問題只要打個電話就能處理，我卻到現在都還沒處理，一直擱置在一旁。我根本不知道，「不能落後」這想法會搞砸我，我還瘋狂地繼續奔馳，結果「虧損」絆了我一腳後，我才終於開始看見我的生活。

我想要維持自尊，也想要逃避虧損的責任，就做出各種防禦行為，到後來等我承認我的失誤和虧損後，無限的悲傷湧了上來。不管是在開車的時候，還是在辦公室工作的時候，我都會莫名地突然流淚。我第一次知道原來我會像這樣沒有任何理由地流下眼淚。悲傷幫助我降低生活速度，也讓我理解我為什麼會失去。

悲傷問我：「你現在過得好嗎？」「這是你要的生活沒錯嗎？」

它問我為什麼會經歷虧損和失去，我發現我之所以會想賺更多錢，並非現在生活很貧困，而是因為我的內心很貧困。在新聞和社交平台上到處都是數不清的成功人士的故事，彷彿全世界除了我以外，大家都過得富裕又幸福。相較之下，我的生活看起來沒什麼進展。大家說至少要存到韓幣數十億才能因應百歲時代，也說只要努力，任何人都能享受到財富自由。這些話迷惑了我，讓我的心變得貧困，於是我為了掙脫實際上根本沒有的貧困的束縛而費盡全力。當我仔細回顧生活後發現，我該做的並不是勉強投資來賺更多的錢，而是要擺脫內心的貧困。接下來還要找出什麼是我真正想度過的生活，以及為了度過那種生活該做什麼。

忽然間我想到了一些人，他們跟我一樣，因為不情願的虧損而失去生活的希望，在痛苦的情緒裡掙扎。他們的悲傷我能感同身受，而我也想在他們經歷虧損時幫助他們發現希望。

我曾在YouTube上看到一個針孔攝影機拍下的影片，影片中有位男生舉著一個牌子，上面寫：「我今天會自殺，最後你有沒有想對我說的話？」然後錄下其他人看到之後的反應。用針孔攝影機拍攝是社會心理學研究中常使用的方法，透過針孔攝影機可以看到人在特定狀況或條件下時會做出什麼行為。

一開始大部分的人都不怎麼關心，後來有一兩個人開始在舉牌的男生旁邊擺放的便條紙上寫些安慰的字句。過沒多久，有個女生盯著男生的舉牌看了一陣子，原本她想直接走掉，後來又回來，寫下一段話。

不知不覺間，舉牌男生附近聚集了很多人，大家都寫下安慰的字句。其中我注意到，有個女生跟其他人不一樣，她走到舉牌的男生旁邊，拍拍他的肩膀，然後問他：「你為什麼會想要自殺？」她詢問男生想死的原因後默默地聽男生說話，然後一直陪在那個男生身邊，不讓他獨處。之後攝影團隊採訪那個女生，她說自己也曾有段憂鬱又難熬的時刻，所以她才沒有直接走掉，無論如何都想聽聽那男生想死的心情。

悲傷會讓人注意到他人的痛苦，也會產生同理心。有些人起碼還是寫些安慰字句給舉牌的男生，他們應該是在看到他寫出想放棄人生的舉牌時也看到了過去或現在自己疲憊又無力的內心。而且他們就像是在安慰自己那般安慰對方，把自己想聽到的話寫在便條紙上後，希望能貼在那男生的心上。

悲傷會像這樣安慰我們。看到有人處在悲傷中時，很多人都會關心他，感受到類似的情緒。所以會詢問發生了什麼事，同理對方的悲傷，然後安慰說「任何人都可能會經歷這樣的事，所以你要加油」。

悲傷傳遞出來的安慰是很重要的，那會讓我們踩在過去的悲傷上，重新回到日常生活。所以當自己遇到什麼事都做不了的挫折時刻，不要勉強自己微笑，而是要充分地悲傷。如果有人能同理你的傷口並安慰你，就不要拒絕，而是要欣然地接受安慰。那也能讓你同理對方的內心、安慰到對方。

萬一太過度壓抑悲傷，一直反覆思索自己的失敗裡，就又會情緒急流沖走，回到前一個階段。首先是將虧損歸咎於他人或社會並感到憤怒，再來是對於自己的失誤和失敗感到羞恥，最後是承認所有的責任都在自己身上並感到罪惡感。有些人能一次就經過這個過程，有些人則需要經歷過好幾次。如果無法正確地消化自己的情緒，就要再次說出來，重新檢視。

在這裡該注意的事情是，陷入悲傷時更容易以批判的角度看待自己、批評自己。這就跟我們開心的時候會正面看待事實或事件一樣，心情不好的時候會產生負面的認知和解釋。其實造成虧損的原因中包含了各種狀況的因素和個人的因素，但在悲傷時很容易全盤歸咎於自己的無能和錯誤，所以要注意，不要對已經受傷的自己太過苛責。

# 08 失去希望後變為憂鬱

當悲傷拉長，過不去「失去」的過程，一直在徘徊時，情緒就會變成病。悲傷是面對失去的正常情緒，但憂鬱症則不是，要將憂鬱症當成一種不正常的病理狀態。任何人只要遇到相當挫折的狀況，都會感到無力、憂鬱。然而，若這情緒支配生活，就代表內心生病了。

有好幾種標準能區分正常的情緒和生病的情緒，其中一個就是持續的時間。正常的情緒是暫時且充分可以改變的。就算遇到令人灰心的事，只要情況改變或發生開心的事，還是能再次笑得出來。不過，在生病的狀態中，對外界的反應能力會降低。當自己的內心是地獄時，不論發生再怎麼值得開心的事，也都跟自己無關，所以憂鬱的心情會一直持續下去。憂鬱症的診斷標準之一就是失去喜悅和樂趣超過兩週以上。因此，如果因失去而引起的悲傷已經持續超過一定的期間，就要懷疑是不是生病了。

另一個能區分悲傷和憂鬱症的差異就是，影響日常生活的程度。如果還能顧及自己的生活、維持正常上班、跟他人的關係沒有太大的問題，就可說是正常的悲傷情緒；但如果睡眠和食慾出現問題，無法專注在工作上，跟他人的關係也開始出現裂痕，就要向專家諮詢是不是憂鬱症。

憂鬱的人身上所觀察到的共通點是認知扭曲，也就是說，他們對於自己、自己身處的世界，以及對未來抱持著負面的評價。不過這一連串的評價過程是非常自動地發生的，所以實際上當事人無法察覺到自己的想法有問題。舉例來說，有人認為自己造成的虧損全都是自己的責任，自己就是一個沒有能力又沒有用處的人。他們對自己的這類負面評價會讓人失去動力，害怕再次失敗而連小事都不敢決定、猶豫不決，這些情況非常容易發生。

這終究會引來不好的結果，然後又會成為對自己負面評價的證據，形成惡性循環。

此外，他對身邊的環境也會給予負面評價，他會認為「別人都不會幫我」、「沒有人會理解我」。他預想其他人都沒有好意，所以會害怕被拒絕而不敢對身邊的人求助，孤立自己。

最後他們還會覺得自己的未來也不會比現在更好。他們認為現在感受到的痛苦會不斷地反覆下去，因此陷入絕望。雖然他們在開始投資前，高估自己的能力，相信自己可以在短時間內賺大錢，但經歷到虧損後，他的自尊心掉入谷底，也失去自信。於是他認為自己沒有力量能改變未來。

憂鬱症並不只會單純地改變心情和想法，還會影響大腦機能。尤其可以發現，前額葉和大腦的邊緣系統機能會變差。前額葉是在額頭附近的大腦部位，負責高層次的思考，亦即設定目的後擬定計畫來達成目的以及綜合性的決策；另一方面，大腦邊緣系統位於腦的中心部位，統管人類基本的本能、衝動、睡眠、進食，還有記憶等。罹患憂鬱症時，前額葉的機能會減弱，心情會變得憂鬱，缺乏動力，專注力不足，而大腦邊緣系統的機能減弱時，會造成食慾不振、情緒起伏等，所以會難以在公司或在學校等地方維持日常生活，連跟其他人的互動都會減少。

因此，罹患憂鬱症後，並非只要時間過得夠久或打起精神就能痊癒。一旦罹患憂鬱症這種精神病，是很難憑自己脫離出來的。所以那時不該只是一個人煩惱，應該要向身邊的人求助。若有需要，建議尋找精神科醫生或專業人士，接受他們的治療。

Chapter 03

# 若情緒失控，

## 從那時起才是真正虧損

承認情緒不代表就要隨著心情起舞。生氣時，好像發洩所有的怒氣後就能消氣，但實際上並非如此。如果在絕望中，不想嘗試恢復日常生活，只是放任自己，到後來就會陷入絕望的泥沼。

# 01 不再忍耐虧損的情緒而是超越

損失金錢後，在渡過「失去」的期間，最痛苦的就是忍耐那些隨時都會感受到的不舒服情緒。因為承認那些情緒意味著承認自己的失誤和錯誤，所以人習慣會找各種理由來反擊或忍耐那些情緒，不過大部分這種忍耐是沒有意義的。沒有被承認的情緒只會造成更多令你無法反駁的證據，更強力地敲擊心門。

尤其羞恥心和罪惡感會讓人不斷想起過去的錯誤。如果一直自責說「我搞砸了一切」，並且反覆回想那些因此而受傷的人，就會覺得連跟虧損無關的事情也都是自己的錯。經過這種確認的心證會成為物證，物證就成了鐵證。甚至還會加上一開始沒有承認的「自己很可惡」的情緒，對自己宣判更殘酷的刑罰，會在很長的一段時間，把自己關在看似完全無法逃脫的憂鬱和絕望的監獄中。

當情緒來敲心門時，我們該做的就是承認當下的情緒。其實我們都很清楚大部分感受到的情緒是什麼，只是因為害怕想起痛苦的記憶而努力假裝不知道罷了。

前面已經提過，當我們失去金錢、渡過「失去」的過程時會面對到的情緒，所以如果這些情緒找上門，就當成預料之中的見面來迎接吧！如果你甘心樂意地為情緒開門，它就會像是沒必要提高音量叫你開門那樣慢慢沉澱下來。恐懼、羞恥和憤怒，這些我們想逃避的強烈情緒不會維持很久。大部分都會在幾秒鐘到幾分鐘內達到頂點，之後強度就會逐漸降低。**只要察覺到情緒找上門，然後聽懂情緒想傳達的訊息，情緒就會馬上從剛進來的門離開。**

不過，我們都會想解決情緒，而非忍耐情緒。找到情緒來的原因後，就會有種錯覺「所以只要改變那個原因就不用再感受到那個情緒了」。於是我們會執著在過去的失誤和問題上，無數次地倒轉到自認是問題起點的那個時間點，想像說如果當初做了不同的選擇或許就能改變現在。可是，就算找到了自己情緒的原因，等待自己的只有無法回到那瞬間的挫折感。

有時候會因為情緒低落而想要逃走。有些人在內心煎熬時會放縱自己在飲酒、暴飲暴食、發生關係等即時享樂上。他們試圖透過暫時的快樂來稀釋自己的煎熬，但快樂和痛苦就像油和水那樣是無法混合的，反而會引來副作用，無法正確地看見自己的情緒。因此，在不知道為什麼自己會悲傷或煎熬時，連不起眼的小事都會讓我變得煩躁、敏感，而且這種逃避行為會被增強，讓人上癮。這樣下去就會連些微的痛苦情緒都承受不了，只想不斷透過飲酒或娛樂等行為來逃避，終究導致生活脫離正軌。

**在無法逃避痛苦的情緒而感到辛苦時，實際上需要做的是安慰自己**。如果我們走在路上被石頭絆倒而跌倒了，就會無數次回想自己走過的路，試圖找出絆倒自己的石頭。實際跌倒時，膝蓋的皮膚已經被石頭劃破而流血，你卻放著傷口不管，尋找是哪個石頭絆自己的腳，但就算找到也沒有任何意義。那時我們應該是要治療傷口，安慰受到驚嚇的自己。

## 02 只要反向操作就不會有損失

所謂承認跟虧損有關的情緒是指，對自己說在不知道會不會失去金錢的狀況下當然會不安，當虧損成真的時候當然會生氣或受挫，感受到這些情緒都是很正常的。

但承認情緒不代表就要隨著情緒起舞。生氣時，好像發洩所有的怒氣後就能消氣，但實際上並非如此。如果在絕望中，不想嘗試恢復日常生活，只是放任自己，到後來就會陷入絕望的泥沼。如果像這樣隨著衝動的情緒行事，別說是能讓情緒縮小，情緒更有可能會變大而吞噬自己。所以，儘管要承認找上門的情緒，但有時要做出跟衝動的情緒相反的事情。我們該記住的是，雖然情緒無法控制，可是我們能選擇面對情緒的反應。

舉例來說，在我認賠出場，看到錢逐漸消失時，會感受到憤怒的情緒。許多人在認賠出場後，會被憤怒的情緒牽動而摔手機和電腦，甚至還會自殘。這表示他們氣得想處罰自己、傷害自己。不過，沒過多久，他們就會對自己的行為感到後悔。這種時候反而應該要逃離那個狀況，將注意力轉移到其他地方，或是將自己難受的情緒告訴別人，尋求安慰。

當然，並不是面對所有的情緒都要採取相反的行動。如果可以預期自己感受到的情緒太多，會帶給自己或身邊人的負面結果，就需要踩剎車，也就是「反向操作」。比方說，當你面對不願發生的虧損而經歷憤怒和挫折時，回想看看上個周末孩子纏著你、要你陪她玩時，你卻對她不耐煩。這種時候一定很快就會產生罪惡感「為什麼要對一點錯也沒有的孩子發些沒必要的脾氣」，然後讓自己更煎熬。這時就該先察覺自己的心情狀態，然後留心在孩子想要的東西上。為了補償對什麼都不知道的孩子發脾氣，可以選擇帶她去附近的遊樂場或陪她散散步。如果像這樣採取跟情緒相反的行為，就能壓抑住憤怒的情緒，也能避免在衝動之下生氣，到後來感到後悔和罪惡感。

有時情緒會欺騙我們。我會生氣並不代表是對方讓我生氣。我們偶爾會錯誤解釋狀況而誤會對方的意思，或是其實沒必要那麼生氣。等之後瞭解事情的來龍去脈，往往會發現自己其實充分可以理解當時的狀況，反而會因為對方受我的氣而感到抱歉。憤怒的情緒特別會影響大腦，麻痺理性的判斷力和控制力。所以忍耐到情緒消退，也是一個好方法。等過了一段時間、情緒緩解到一定程度後，再合理地懷疑自己感受到的憤怒是不是正確的。

如果將衝動的情緒反向操作，久而久之就會轉換到好的方向。有些人以為反向操作是指否認情緒，但完全不是這樣，**反向操作是一種調節情緒的策略。**在炎熱的夏天，暴露在高溫下會有曬傷和脫水的風險。這時如果不承認高溫，就會忽略播報員提醒你要擦防曬用品，阻擋紫外線來保護皮膚的建議，出門時也不會記得要準備水瓶補充水分。不過，如果承認高溫，就會擦防曬用品、準備水瓶來保護自己。**反向操作是承認情緒，並保護自己不受到情緒的影響。**

為了能反向操作，最好能用言語表達或用文字記錄自己現在感受到什麼情緒。我們在覺得不愉快時會說「好煩喔！」或「心情很糟」來簡化情緒。但這樣簡化情緒就很難準確瞭解此刻自己感受到什麼情緒，也就因此無法知道該怎麼調節自己的情緒。不要只是說「好煩喔！」，而是要先具體瞭解我感受到的情緒是害怕、羞恥還是挫折，這樣才能採取適當的反向操作來調整情緒。

若為了調整情緒而採取反向操作，就要確認跟衝動的情緒相反的行為是什麼。舉例來說，如果覺得羞恥，想要避開人群，那麼反而要靠近人群。儘管大家可能會對於我的虧損給予負面評價，但那只是針對「投資失敗」的行為評價而已，並不是評價「我」這個人。為了確認這點，必須跟人見面並說話才行。在生氣或害怕時，不要大吼大叫或採取威脅性的行為，可以透過深呼吸或伸展，放鬆身心的緊繃感，讓自己達到平穩的狀態。

感受到衝動的情緒時反向操作並不是件容易的事。儘管如此，只要持續這麼做，就能感受到壓在自己身上的情緒變得輕盈。反向操作會讓人不會陷入在過去的情緒，而是能幫助人移動到較不痛苦的情緒上。

# 03 學會關上情緒起伏的走勢圖

有天我搭計程車要前往某個地方，司機好像是從凌晨就開始開車，非常疲勞，只要路上有點塞車，他就會帶著煩躁的語氣抱怨不停。其實內心著急的人是我，但我覺得沒必要催這個心情不好的司機開快一點，因為他看起來比我更焦慮、更著急。就在快到目的地的時候，司機突然把車開往出乎我意料的地方。應該要開到左車道，他卻開上右車道，於是就開上了高速公路。十分鐘後會議就要開始了，導航上標示的預計抵達時間卻從三分鐘後延後到二十八分鐘後。咦？現在是怎樣？太誇張了吧！司機的工作是每天開車，卻為了早點抵達而犯了嚴重的失誤。

司機的表情明顯變得慌張，連續說了幾聲抱歉後，表示自己也不知道為什麼會變成這樣。他開上高速公路後便開始加速。也許是在羞恥和自責的作祟之下，想要挽回自己的失誤，但速度已經快到我都覺得很危險了。我便跟司機說：「我已經調整了開會時間，你不用趕。安全第一，你慢慢開。」就算他不小心在離目的地不到一公里的地方，穿越車線開上高速公路，也不能因此就逆向行駛。我為了轉移他的注意力而開始跟他聊天，我問他是什麼時候開始當計程車司機，幾點開始開車，說些無關緊要的小事轉移他的注意力。司機在回答我的問題的過程中，逐漸冷靜下來。

前面提過，為了阻擋衝動的情緒引發意外，需要踩剎車。不過，有時候光是踩剎車還不夠，這時有個很有用的方法，那就是**將原本不愉快的情緒影響的注意力轉移到其他地方**。如果一直盯著下跌的走勢圖看，內心就會越來越不安；同樣地，如果一直專注在心情痛苦起伏的走勢圖，別想要是穩定了，反而會更煎熬。這種時候需要關掉內心起伏的走勢圖，收回注意力。這就像是車子正開往你不期待的方向，所以要轉動方向盤來改變方向那樣。我們不可能完全不經歷不舒服的情緒，可是當情緒把我們的生活開向不幸時，沒理由只是盯著看、什麼都不做。

在我認賠出場後，有好長一段時間都因為挫折而過得很煎熬。某天我明明坐在辦公室裡工作，卻莫名地開始流淚。儘管之前我都努力保持一張撲克臉掩蓋悲傷，但我擋不住委屈地流出的眼淚。那時我能做的就是離開辦公室。吃完午餐後，我花十分鐘左右的時間散步，在短短的路程中，我看著迎面而來的所有事物。路旁林立的行道樹、排列整齊的人行道磚、發放傳單的阿姨以及走在路上的行人。離開路邊走進小巷時，看到成群的鴿子啄著地面，植物的根部延伸到石牆縫隙中，以及釘在路面上的零星座椅。當我將專注在挫折的注意力轉移到其他事情上之後，我的心情稍微好了一點。儘管還是沒什麼動力，但除了無力感達到極致的那幾天之外，我都有持續運動。運動時會讓人專注在身體的感知上，至少在那時間能擺脫讓我煎熬的情緒。

擺脫特定的想法或情緒的方法就是像這樣轉移注意力。不過，大部分的人則是努力不去想，但這種努力反而會更被不喜歡的想法綁架，這可說是抑制思考的反效果。哈佛大學社會心理學家丹尼爾・韋格納（Daniel Wegner）透過實驗證明了這一點。他將學生分成兩組，告訴A組要想白熊，告訴B組不要想白熊。兩組當中所有人每次想到白熊時都要按鈴，結果被要求不要想白熊的B組按鈴的次數更多。越努力不想，反而更會去想。

能將注意力從痛苦的情緒轉移出來的方法比想像中還要多。找個講些無聊笑話也會旁若無人地大笑的朋友見個面或通個電話，做個喜歡的運動或伸展，這些都不錯。離開現在所在的地點，到寧靜又悠閒的公園裡散散步，如果有寵物，也可以帶牠一起散步，或者學些平常就想學的運動或下廚，這都是好方法，寫文章也會帶來很大的幫助。

有些人陷入失去金錢的漩渦時，對於做些開心的事會感到罪惡感。不過要記住，守護自己比守護金錢更重要。失去金錢雖然很虧，但不要把自己關在痛苦的情緒裡虐待自己。如果生活中有扣分的地方，也會有加分的地方。

# 04 寫給喊著「要去跳海」的你

在虛擬貨幣價格持續暴跌的某天，我因為工作需要，必須去江南一趟，於是我坐上計程車裡。計程車穿過南山三號隧道後爬上盤浦大橋，漢江就在窗外。一如往常地平靜流淌的水面看起來無限祥和。然而，因虛擬貨幣價格暴跌而變得像廢墟的討論版上，虧錢的人每天都上傳「一起去跳海吧」的悲慘文字。

這片美麗的江海，大家都希望住在能眺望美景的「江岸第一排」高樓，但很諷刺的是，站在絕望的盡頭時也會想到江海。這座橋連接著生與死。有些人對現實感到絕望、看不見未來，愚昧地守著虧損到後來走投無路，便站在橋上思考是否要跳入這混濁的江水中。

我們不難在新聞報導中看到因投資失敗、對身處的環境感到悲觀而尋短的人。最近這種新聞越來越多，令人非常遺憾。我從2015年開始設計自殺防治教育課程，也進行講授，我在這份工作中實際觀察自殺者的生活。我一直以來做的就是研究想自殺的人、還有實際自殺的人的資料，分析是什麼原因讓他們走向死亡，然後放在教材裡。

自殺的人當中男性占了七成。嘗試自殘或自殺的人當中百分之五十四是女性，比男性多，但實際自殺身亡的人當中男性是更多的。自殺的原因大部分都是如憂鬱症之類的精神問題和經濟問題。尤其是從事經濟活動的中年男性，他們自殺的最大主因就是經濟問題。不過，聽聽看自殺者身邊人的說法就可以知道，他們自殺的原因並非純粹是失去金錢。而是，無論是失去金錢之前還是之後，他們都跟身邊的人斷絕連結，逐漸從這社會中孤立。他們獨自在挫折當中掙扎，後來抵擋不了生活的痛苦而自殺。

普林斯頓大學心理學家托馬斯・喬伊納（Thomas Joiner）在《為什麼人們會自殺》（譯註：尚無中譯本）的一書中提到，採取嚴重的自殺行為時需要三種先行要素，其中一個就是跟社會斷絕，當人處在高度壓力的狀況中會想要自殺。不過，大部分的情況是，家人或朋友之類的親友會保護他們，幫忙他們擺脫自殺的念頭。然而，一旦這種人際關係的支持網鬆脫，就無法發揮保護的功能，導致他們最終選擇自殺。

不久前，我在YouTube上看到一群行人在橋上拯救一個嘗試自殺的人的影片。有個男子在橋上徘徊了很久，看起來非常焦慮不安，不久後他像是決定結束生命那般，打算翻越欄杆跳下去。剛好在那時經過橋上的人發現了這名企圖自殺的男子，於是趕緊跑過去抓住了他。後來，看到這場景的一兩個人也聚集過來，使出全力抓住企圖自殺之人的手腳，不讓他從橋上掉下去。而其他人則連絡112（行動電話緊急救難號碼）和119求助，過沒多久警察和消防隊員就到了，拯救這名被大家阻止自殺的人。

自殺未遂的男子跟世界上的關係一一斷絕後，在生死的邊緣掙扎著，非常危險。生存意志和對死亡的恐懼一度扶持著他，但後來生存意志變得薄弱，而他就在那天企圖自殺。不過，素未謀面的人們卻在他尋死瞬間拯救了他，讓他跟這社會產生了連結。

我思考為什麼那個男子會想要自殺。雖然不知道詳細情況，但很清楚的是，讓他尋短的不僅僅是他身處的那狀況或事件本身，而是在那狀況和事件中他的想法和情緒。

最近我接觸過一個自殺個案，自殺者是一位中年男性。他在和家人吃晚餐時起了口角，最後壓抑不住怒氣就衝動地跳出窗外。起初是在爭論窗戶是要開還是要關，後來他埋怨家人輕視自己，留下憤怒的言語後就離開這個世間。有時候自殺的原因可能會跟我們想的不一樣，任何事物都可能是自殺的原因，情緒也會殺死一個人。

回想看看投資虧損初期感受到的不安與恐懼，這些情緒讓我們動彈不得。害怕會失去擁有的一切、擔心生活會天翻地覆，使得我們無法踏出一步。去年有一位二十歲的美國大學生清楚地展現這種恐懼是怎麼逼死一個人的。美國的千禧世代近來常使用「羅賓漢（Robinhood）」這投資股票的應用程式，有位名叫 Alex Kearns（亞歷山大．卡恩斯）的大學生也透過這個應用程式進行股票交易。去年六月十一日，他發現應用程式的畫面上顯示著「負七十三萬元美金」，換算成台幣大約是兩千兩百萬元，他以為自己欠了這麼大筆的債務而陷入恐慌，隔天便了斷生命。根據之後公布的結果顯示，這位大學生不太可能欠這麼多的錢，其實負七十三萬美金的問題能透過管道方法來解決。他只有失去本金而已，並沒有欠下七十三萬美金的負債，他卻因誤會而結束生命。就像人在恐懼中全身會僵硬那般，看待世上的目光以及解釋的能力也會僵化。

因此，謀求各種可能性與解決對策的能力消失無蹤，判斷標準只剩下極端值，不是最好就是最差。明明債務並不存在，這位大學生卻因為誤會而讓生命悲慘地收場。

當虧損成真時感受到的羞愧和自責也可能會把我們逼到死亡。前面提過德國億萬富翁阿道夫・默克爾企業家是如此，韓國許多富豪和有權有勢的人當中也有人因為喪失過去累積的財富、聲望、社經地位而感到羞恥，再加上受不了無法守護珍貴事物的自責感，決定了斷自己的生命。

如果金錢、聲望、社經地位是支撐生活的唯一理由，那麼在失去的那瞬間就等於是失去了能活下去的理由。許多人受不了自己瞬間變得窮酸，所以想要逃離自己。以前我曾跟某位想尋短的人諮商過，他的爸爸是知識分子，媽媽是音樂家。在外人眼中，他生在富裕的家庭，擁有人人羨慕的經歷。他在跨國公司上班，年紀輕輕就升到高層，獲得豐厚的收入。但他跟富二代朋友比較時，覺得自己非常窮酸，因此感到自卑，對於自己的生活的羞恥越來越大。

別人認為他非常成功，可是他的朋友全都住在高級地段的大坪數豪宅裡，開著昂貴的進口車，相較之下，他對於自己沒辦法過上那樣的生活而感到丟臉。他想要到國外的分公司上班，卻因為能力不足而回國，他必須面對這令他想逃避的現實。可是，他卻認為自己不可能擺脫這痛苦的現實，便開始想逃避自己。他說某天晚上看著窗外，突然有種想往下跳的衝動，然後開始感到害怕。

美國佛羅里達州立大學的知名心理學家羅伊．鮑邁斯特（Roy Baumeister）提出「逃避自我」的概念來說明自殺。個體想達成的理想雖然崇高，但現實中無法實現時，理想和現實之間就出現了差距，然後會開始責怪自己沒有能力達到理想而否定自己、批評自己。後來會為了擺脫這種痛苦的想法和情緒而嘗試自殺。

然而，那些對自己負面評價而想死的人忽略了一件事，**我們值得被愛、**

**被珍惜並不僅僅是因為擁有很多錢或好的社經地位。我們該追求的生活價值與目標並不一定需要金錢或社經地位**。活下去的理由非常多，任何事情都能成為活下去的理由。家人、朋友、宗教、興趣、寵物等，無論是什麼，只要是跟我們締結關係的，都會成為連接生活的通道。

虧損帶來的悲傷和憂鬱也會讓人想自殺。就像前面所說的，悲傷是面對失去時的正常反應，但悲傷加劇而演變成憂鬱症時，就會讓生活變得絕望。實際上根據韓國的中央心理剖析中心的報告資料顯示，自殺身亡者有百分之七十三點六的人都有憂鬱症。憂鬱症和自殺就是如此密不可分。

一旦罹患憂鬱症，就會像被關進幽暗隧道那般感到非常絕望。這稱為「隧道視野（tunnel vision）」，當虧損已經高達無法承受的地步，人們可能會認為唯一能擺脫慘無天日的現實的方法就是自殺。然而，實際上只要曾經搭車穿過隧道就會知道，通過看得見的出口並不是能脫離隧道的唯一方法。發生緊急狀況時，隧道中都有能逃離的緊急出口。當前方的道路堵塞或狀況不如意時，也可以沿著原本的路回去。

**如果因為不安、恐懼、羞恥、自責、悲傷或憂鬱而產生想死的念頭，那**

**麼你該做的就是不要讓自己一個人**。人在獨處的時候會找不到方法檢視自己的情緒或想法是否正確，不會知道自己感受到的羞愧和自責是否適當，因為不管再怎麼跟自己喊話，依然都會像回音那樣只會傳來同樣的內容。儘管那不正確，卻是從內在發出的放大聲音，所以情緒會越來越強烈，思考也會越來越確實。因此，我們需要他人來幫忙檢視我們的情緒和想法。

找個對象說出自己的狀況或情緒，就能讓看似複雜的問題被梳理開來，說不定就能明白自己行動的原因，以及在虧損的過程中感受到的情緒，想告訴自己的訊息是什麼。原本只是茫然地感到絕望，但退一步來看，就能想到被遺忘的其他生活層面。

那個對象最好是家人或朋友，但若沒有自信能向他們坦白，也可以尋求諮商或精神健康醫學專業醫師。若還是有壓力，可以撥打電話至政府機構，如自殺防治諮商專線（1925）或生命線（1995）及張老師專線（1980）。在遇到困難的時候得到他人幫助完全不是一件丟臉的事。當你認為自己無法保護自己時，就要尋求他人的幫助。

我也曾經在虧損後，因承擔不了羞恥和自責而脫口說出「我好想死」的話。但當我打起精神後才體會到，除了失去金錢之外，我的生活並沒有什麼不同。而且當我撥開看似填滿生活所有的虧損後，我發現還是值得活下去的。因為有我愛的女兒和老婆，他們也愛著我，而且我還有尚未完的事。我失去的僅僅是金錢而已，**我擁有的是更多的**。**我該做的不是找回失去的東西，而是守護我尚未失去的東西**。

投資的本意是讓自己過上更好的日子，但當投資以失敗告終時，我們往往會連同失去金錢的同時，也失去意志、失去家人，甚至失去性命。不過，我們的選擇將會決定，投資失敗是僅僅失去金錢，還是會失去更多東西。

## 05 比起斷絕關係，倒不如變成信用不良的人

我放棄投資虛擬貨幣的當下，很諷刺的是，我竟然在考慮要不要瞞著老婆。當我想要隱瞞虧損，正考慮要不要把一些投資金當成獲利匯給老婆、騙她說有賺錢時，我的直覺告訴我，我已經站在成癮者的門檻上了。一旦我越過那個門檻，欺騙老婆，走上成癮者所走的路，那麼現在的狀況會是如何呢？說不定會陷入更大的虧損裡承受著煎熬。

如果你現在已經因勉強投資而蒙受龐大虧損，或是已經認賠出場而努力想要挽回，那麼就要立刻告訴家人。除非投資金是你可以自行承擔的程度，或是那是自己存的錢，跟家人無關。如果在投資的過程中經歷虧損，就算自己不承認，自尊心也會受挫。就算根本沒有人說什麼，也會因為自卑而容易

對家人的言語或行為做出有攻擊性的反應，其實自己平常對那些舉動根本不會放在心上。虧損不僅讓我們失去錢，還會逐漸吞噬我們的生活。

謊言通常被認為是帶有不好的目的企圖欺騙對方，不過，就算是善意的謊言，如果對方知道自己被騙後覺得不愉快，那就絕對不是善意的謊言。更何況，如果那謊言不只是讓對方心情不好，而是會影響到財務層面，就更不用再說了。大部分的謊話都被包裝成良善的意圖，但那只不過是說謊者想保護自己的藉口。經歷虧損的人說的謊話就是把虧損金額講得比實際還低，或是說得好像馬上就能挽回。而且也要承認，隱藏投資這本身也是一個謊言。

勉強投資而經歷虧損後，大部分的人都不會承認自己的失敗，因為他們確信比賽還沒結束，自己會成為逆轉的主角，終將獲得勝利，所以他們會欺騙自己說沒必要告訴別人比賽還沒結束的結果。他們也可能會認為即使把不好的事實告訴家人或配偶，家人或配偶也幫不上忙，無知便是福。還有些人說謊時並沒有這樣想，但謊言很有可能會成為圈套，將自己和對方逼到絕境。這種人會被稱為不值得信賴的人。

欠銀行錢之後無法按時還款、習慣不履行債務的人會變成信用不良的人。這麼一來，銀行就不會再借他錢，也會斷絕跟他的交易往來。家人間也是這樣，如果習慣對家人說謊，就會失去家人對他的信賴，到後來就算他說真話，家人也不會相信。一旦變成不值得信賴的人，別說是交易，連關係都會斷絕。

失去信賴、關係斷絕比斷絕交易更致命。信用不良者在法律上或制度上，無法得到政府在個人犧牲或破產提供的救助。有時候政府會依照個人的經濟狀況減免應償還的本金或利息。在這種情況下，就算自己還的錢比借的錢更少，還是能恢復信用。不過信賴就不一樣了，只要說一次謊，讓對方懷疑你，就需要表達數十次真心才能恢復信賴。所以寧願變成信用不良者，也不要變成不值得信賴的人。

# 06 欠債後無法成功的原因

如果是將平常儲存、多餘的錢拿來投資，就只要越過「失去」就行了，但如果是為了挽回虧損而欠債，狀況就不一樣了。要記住，如果是借錢來投資，那麼那種投資就已經不是投資了。

許多人會為了擺脫羞恥而試圖挽回虧損。因為他們害怕萬一家人或老婆知道自己偷偷投資還虧錢，就可能會被大力責備或離婚分手。而且他們會認為自己再次投資時，只要稍微改變買入和賣出的時間就可能會獲得獲利。他們堅信，如果以自己現在分析的內容為基礎重新投資，就有可能收回本金，搞不好還能賺到錢。彷彿只要有錢就能賺到錢，但現在沒錢，所以才會跟銀行或找民間借貸借錢。

在這裡請聽我說，假設你是跟銀行借貸，那麼因為貸款條件是建立在個人財務狀況及信用之上，所以不會有太大的問題。不過問題是，已經跟銀行借款，但連那筆錢都沒了。如果連貸款借來的錢都因投資虧損而失去了，就不能再試圖挽回了。

如果難以跟銀行借貸，就必須徹底承認自己虧損，也要承認自己沒有能力透過投資賺錢。銀行不願意再借款的理由只有一個，就是借款後沒有能還款的保證。儘管如此，假如還是為了挽回虧損而向民間借貸公司借款，或是利用信用卡貸款或借高利貸，問題就會更嚴重。因為連借的錢都已經沒了，所以為了挽回損失需要更大筆的投資金。

不過，大部分的人會因為無法向銀行借到錢而決定冒險，投資風險更高的項目，期待一次就能賺大錢。再加上二次借款的利率非常高，因此看到一天天增加的欠款金額時，會急著想趕快挽回損失。這種時候會非常不安，眼睛連片刻都無法離開走勢圖。只要買進的商品價格稍微低一點就會急躁難耐。這種時候，不管花費多少時間投資，幾乎是不可能挽回虧損的。這種「我一定要挽回」的固執觀念會讓人無法理性判斷，結果大部分的人都因此承受更大的虧損。

2015年有份研究提到跟自殺相關的經濟要素，結果顯示，欠高利貸或欠卡債的人想自殺的可能性比沒有欠高利貸或卡債的人還多出二點二倍。也就是說，儘管可以依照自己的資產規模、還款能力借貸，但如果欠下過多的高利貸或欠卡債，就有很高的可能會陷入虧損的泥沼中，失去希望。**再次提醒你，絕對不要欠卡債或高利貸**。

## 07 乾淨俐落地只虧錢的方法

如果已經投資失敗、虧錢了，那麼我們該做的就是離開虧損的泥沼，渡過「失去」的過程。虧損不僅僅是投資者個人的問題，還會帶給家人很大的影響，所以幫助家人順利渡過「失去」的日子也是我們的責任。那麼這時就要盡力仔細聆聽他們的情緒，並治療自己造成的傷口。

的確，要承受家人的憤怒和批評絕對不是件容易的事。就算他們沒有說出尖銳的批評言語，還是能透過他們的語氣和眼神察覺到他們感受的情緒。有些人會表現出冷淡的態度，冷酷地列出因你而失去的東西，向你追討責任。還有些人就像心被燙傷一樣，爆發出怒氣沖沖的言語。那些言語會像烙印一樣深深刻在你的胸口，讓你疼痛不已。可是，家人批評你、向你追討責任也是因為他們很痛的關係。可能有時候會覺得家人的批評太過份了，但這證明了他們因虧損而感受到缺憾和痛苦就是那麼龐大。我們在他們身邊時，不該只是關注他們說出的話，而是要注意他們的心。持續注意觀察，就能看見他們的真心並同理他們。

然而，大部分的人都承受不了家人的情緒，他們會受不了家人憤怒的視線和抱怨而說「難道我只是為了讓自己過得好嗎？」、「這難道全都是我的責任嗎？」，還會反駁說，自己不需要對家人感受到的情緒負責。他們一開始可能會道歉一兩次，但過沒幾天反而會大聲地說：「我不是跟你們道過歉了嗎？」這就像車禍明明是自己造成的，卻在車禍現場塗漆、畫線，狡辯說對方也有過失，還會想要計較「我要聽這些指控到什麼時候，這樣合理嗎？」如果一直這樣追究責任、互相批評，就會失去信賴，甚至失去家人的關係。

別那樣做。希望你能像是承認自己的情緒那般，承認對方也有他的情緒。光是弄丟放有幾千塊的錢包，也不會聽到別人說什麼好話，你已經失去了比幾萬塊還多、更多的錢，哪會有人開心呢？就像我透過表現憤怒來接受無法挽回的狀況那般，家人也要向我發怒、抱怨，才能接受投資失敗的現實。再加上，家人哪有什麼錯？全都是因我而起的。換個角度來看，他們都比我更委屈。所以不管家人批評和抱怨多少次、不管時間過了多久都不要計較，而是要同理他們的傷痛，表達歉意。每個人處理情緒的速度都不一樣。有些人能比我更快接受已經變調的現實，有些人則需要比我更多的時間。也應該要尊重他們的速度。

就如前面提到的，投資失敗的人對自己造成的虧損表現出負責任的態度，這對家人在克服失去這方面是非常重要的。家人當然也很辛苦，不過也要幫助投資失敗的人從虧損的傷口中復原，趕快回到日常生活。所以與其追究已經發生的虧損的責任，應該要表現出自己的惋惜，然後努力安慰彼此。

在我認賠出場的那天，我記不清楚當天是怎麼回到家的。我像是逃離即將會奪走我的一切的災難現場那般回家。回家後老婆問我是不是真的認賠出場，我回答說對。

現在回想起來，老婆應該很恨我。一開始她問我：「現在該怎麼辦？這都是你造成的？」然後抱怨說叫我要負責。大家都會這麼做的，如果你有一位家人投資失敗後虧錢回家，你一定也會對那份失去感到委屈、憤怒和悲傷。所以要充分表達那些情緒才行。

不過，除非你想要切斷彼此的緣分，否則最好不要說出強烈刺激對方羞恥心的言語。羞恥並不是起因於投資失敗的行為，而是起因於聽到對自己個人的負面評價時。舉例來說，「你真糟糕」、「你真愚蠢」、「你只會傷害家人、你真沒用」這種說法會在對方的傷口上撒鹽。經歷到虧損的人已經無力承受那種攻擊，所以會反擊。這樣的說法反而會激怒他，讓他變得神經質，還會想要計較說那種批評太過份了。不過，應該要把他反擊的行為解讀成「現在我已經無法再承擔那些話了，別再說了」。如果他都不反擊、只是呆呆地聽著，那些言語中的毒就會擴散開來，殺死他的心，讓他變得有氣無力，就像是學到「連反擊的力氣都沒有的時候，自己的抵抗也毫無意義」。

所以更聰明的做法是，不要評論人，而是要評論虧損本身。要表達出因投資失敗而失去的錢對自己有什麼意義，以及那意義消失時的缺憾、悲傷和煎熬。對某些人來說，失去的錢原本是存下來要買房子的；對某些人來說，失去的錢原本是要使用在子女的教育上。這些錢原本都有各自的目的和意義，但在失去金錢的同時，也代表著失去了計畫和機會，所以最好能說出因此感受到的缺憾。

如果過了一段時間，家人埋怨的念頭稍微減少了，那麼希望你能對努力渡過「失去」的他說出安慰的言語。當我想要挽回損失而繼續投資，到後來反而陷入更深的泥沼中掙扎時，老婆的安慰拯救了我：「一旦失去了，要再找回並不是那麼容易的事，所以你不要太在意。你比錢更珍貴。」這句話讓我活了下來。原本我被「應該對自己的行為負責」的念頭壓得喘不過氣，所以那段時間只要沒有大口吸氣，就像在憋氣一樣，但老婆的那句話救活了我。金錢也很重要，**不過自己和家人才是我們該守護且不該失去的最重要的寶物，這樣才能在虧損上剎車重新出發**。

Chapter 04

# 踩著虧損成長

如果虧損的惡夢找上門就這樣跟自己說：「那是夢，你只不過是在作夢。現在沒事了。」我該克服的絕對不是那天的回憶或痛苦。就當我的錢花掉了一樣，那些都已經過去了。

# 01 從虧損的惡夢中醒來

奮力渡過「失去」的日子之後，我終於能一點一滴回到正常生活。我逐漸在我擁有的生活中找回安定，像以前一樣注意家人、專注在工作上。之前雖然期待一夕致富而投資，但不知不覺間目標變成能回收本金，就像這樣，我現在的目標也變成了回到原本的生活。許多人曾像我一樣為了擺脫自己不滿意的生活而脫離正軌，但終究繞了一大圈還是回到原本的生活。當然要回到以前的生活也不簡單。

也許我現在還不完美，但我正逐漸擺脫虧損的回憶，變得自由。不過，這還不是完全的自由。虧損的回憶似乎沒那麼容易放過我，就在我快要忘記的時候又會想起來。虛擬貨幣價格變動的相關新聞受到許多人的關注，新聞報導的次數也很多。到餐廳吃午餐時，這話題會從餐廳的電視裡傳來；坐在咖啡廳裡面時，會從別人的口中傳來，這種時候都得要再次面對虧損的時刻。但也不能因為這樣就關掉電視或阻止別人說話。我只能一心期待這段浮現出來的回憶能趕快過去。

不只是人們的嘴巴和新聞報導會讓我想起我不願想起的記憶，就連偶爾在夢中也會夢到，有時候很模糊，有時候很清晰。有次在夢中，我站在槍林彈雨的戰場上，到處都有砲彈掉落、子彈亂飛，我苦思該怎麼衝破這難關。突然間，我發現女兒就在我旁邊，我認為無論如何都要把女兒藏起來。為了防備女兒被不知從何而來的敵人攻擊，我打開看起來像地下碉堡的地方的鐵門，把女兒藏在裡面。然後立刻就醒來了。虧損就是這樣把我的生活搞得天翻地覆，造成心理創傷，在我心中留下疤痕。每當我看見那道疤痕時，就像是搭乘時光機那般回到虧損的瞬間，目睹生活被搞得一團亂的景象那般。我知道那只是夢，但彷彿就像現實一樣痛苦。

有時候覺得夢就像電影一樣。明明沒有導演、編劇，但完美的故事和呈現手法卻不輸給豪華大片。夢就像未知的世界一樣神祕，也被當成各種電影的素材。我印象最深刻關於夢的電影是克里斯多福・諾蘭導演所導的《全面啟動》。這部電影的發想相當新奇，透過潛入別人的夢境，植入「簡單的概念（one simple mind）」來改變那人在現實中的想法或行為。其實如電影情節般的事情也會發生在現實中。若經歷過威脅性命的創傷，就會在夢中再次經歷到同樣的事件，就連睡醒後也還是會感到痛苦，無法掙脫。我覺得創傷以某種角度來說就像《全面啟動》的情節一樣，在我們的心中植入「one simple mind」來影響我們的想法和行為。

惡夢是一種警示燈，告訴我們現在正身處在艱辛的狀況中。不過，如果讓我們痛苦的事件已經結束，卻還持續通知，最後就會失去通知的功能。這警示燈對我們來說相當有用又必要，而修理這警示燈的方法意外簡單。在《全面啟動》電影中，會利用旋轉的陀螺或戒指來區分夢境和現實。如果這些東西持續轉動、沒有停止，就表示現在是夢境；如果這些東西轉動到後來停止，就表示現在是現實，以此區分夢境和現實。如果能區分現實中可能發生的事情和不可能發生的事情，我們就能擺脫惡夢。

我的女兒童年受到很大的壓力時也會常常做惡夢。剛進入幼兒園或幼稚園的時候需要適應新的環境，這點對大人來說也不容易，再加上年幼的孩子不太會表達，應該會受到更大的壓力。在她非常辛苦的時候，常夢到有人追著她，所以她會大喊「走開！」或是想要逃跑而在空中踏步。我常常睡到一半被突如其來的叫聲嚇到而睡眼惺忪地醒來，搖醒被惡夢纏身的女兒。女兒從夢中醒來後還是很害怕，可能因為她無法區分夢境和現實。這時我和老婆都會抱著她並安撫說：「沒事了。那是夢，那只是夢而已。現在不會有事的。爸爸媽媽都在你旁邊啊！」

如果虧損的惡夢找上門就這樣跟自己說：「那是夢，你只不過是在作夢。現在沒事了。」我該克服的絕對不是那天的回憶或痛苦。就像我的錢花掉了一樣，那些都已經過去了。當我體認到，今後記憶再也無法影響我了，它只是還沒過去而已，這時就不需要再害怕了。

# 02 轉移注意力，擺脫痛苦的念頭

**創傷的另一個特徵是侵入性反芻（intrusive rumination）**，意思就是，我不願回想的記憶會不斷浮現，不受我的意志控制。在我認賠出場後，就算已經過了一段時間，依然會隨時浮現出當天的記憶。吃飯時、開車時，甚至腦袋一片空白地坐著時，不管我的意志如何，都還是會想起那段記憶，沒有方法可以阻擋。突然暴跌的走勢圖、害怕失去所有投資金的恐懼、虧損後因挫折而感到煎熬，這所有的回憶都會在平靜的意識裡掀起巨大的波瀾。

我不明白，現場根本沒有足以引發我想起虧損的跡象或事件，為什麼還是會想起我不願回想的記憶，而且也不是特定的哪個時間點或地點會讓我想起來。就像我搞不懂YouTube推薦影片的演算法那樣，我也不知道規則到底是什麼。我在看YouTube時，常會發現推薦影片裡面出現我根本不在乎也沒看過的影片，每當那時我心中就會浮現這樣的疑問。不過我還是會因為點閱率很高而不自覺地按下播放鍵。可能是因為像我這樣的人很多，所以影片下的留言當中最多人點愛心的留言是「未知的演算法帶我到這裡來」，點愛心的人數多的時候還會達到數千人。他們也像我一樣，當自己不在乎也沒看過的影片從YouTube的**無意識提升到有意識**時，自然而然地就會開始在乎，然後按下播放鍵。

不過，出現在播放清單不代表就一定要看。許多人都會毫無想法地順著未知的演算法的推薦按下播放鍵，往往就因此將時間花在自己根本不想看也不在乎的影片上。後來突然間想到：「我為什麼在看這個？」才發現自己浪費了很多時間。

跟我們的創傷有關的想法也是如此。我們的腦中充滿許多的念頭。當內心平穩、寧靜時，念頭就會沉澱下來，但當內心煎熬、混亂時，這些念頭就會像浮游物一樣漂浮著，讓內心變得混濁。那時如果開始抓出每個想法按下播放鍵，就會被關在那裡面，無法專注在實際的現實中。

到底該怎麼做才能擺脫不受我的意志控制、令我痛苦的記憶而獲得自由呢？就是要記住，想到不代表都很有意義、都很重要。不需要因為想到就按下播放鍵、無法自拔。只要在發現那種念頭浮現的時候，往上滑掉，一切就結束了。這麼一來，那念頭會自然而然溜走，進入其他念頭的播放清單。

另一個方法是專注在現實生活中。把注意力轉向現在自己身處的四周環境吧！如果我現在正跟某人對話，就只要重新仔細聆聽那人所說的話就行了。如果是自己一個人，就試著感受眼前所見之物的外型、顏色、坐著的椅子的觸感。人無法一次思考兩件事。只要想其他事情，就能自然而然地擺脫過去的記憶。這麼一來，就不會被浮現的想法帶走，可以稍微擺脫痛苦的過往記憶，得到一點自由。

# 03 大家只是沒說而已，其實都虧損過

我不願回想卻會突然找上門的虧損回憶，如今逐漸變得模糊。那段回憶看似會永遠留下鮮明的記憶，但隨著新生活的痕跡越來越多，它也成了過往無數回憶中的一個片刻。連相當敏感的痛苦情緒也逐漸變得遲鈍。我不歡迎的不速之客原本天天都會過來侵擾，到現在只要一兩天不見，我就會開始好奇：「是不是發生了什麼事？差不多現在就要過來折磨我了，怎麼還沒到呢？」虧損的記憶對我來說就是這樣的不速之客，但在不知不覺間，我已經會在虧損的記憶上門之前先想到它了。

我偶爾會跟老婆聊到我之前的虧損。一開始的主題圍繞在連同金錢一併失去的東西。我們想到之前努力存錢的時光，儘管很惋惜，但還是只能無奈

地發發牢騷或互相安慰彼此。我們還會說，如果有那筆錢就能做什麼……。雖然都只是表達我們的遺憾，但這些時間並沒有白費。在這過程中，我們想起過往對生活的計畫，雖然現在狀況稍微改變了，但我們瞭解到以後也該按照計畫進行。

像這樣故意回想過去的心理創傷稱為**「精緻化反芻（deliberate rumination）」**，這是指為了理解事件發生的原因與意義而反覆思考該事件。**這是受創後的一項重要成長要素，有助於從心理創傷中恢復。**之後，我不僅會跟老婆說，還會跟朋友提到虧損，某天我跟一位莫逆之交通話，他住很遠，偶爾才能見一次面，但每次見面就像昨天才剛見過一樣，完全沒有距離感。有次我們通話時，原本在聊其他朋友的事，後來我就坦承說最近投資失敗虧了錢。沒想到他笑著說，雖然到現在都沒有跟我說過，但他自己也曾投資股票而吃了好幾年的苦。他說現在還在虧損，當他投資的股票被摘牌、損失非常慘重時，他一度也想自殺。一邊聊天時，我一邊想著，雖然大家都沒說，但是不是每個人都默默承受著虧損呢？在那過程中我找到從未想過的虧損的意義，以及看待生活的全新視角。

失去並不僅限於失去金錢。我們一生會失去很多東西。回想到目前為止失去的東西，就發現多到數不清。國中二年級的時候，我曾經在短短的一天之內就弄丟了新買的腳踏車，那是爸爸下了很大的決心買一台LESPO最新款的二十一段變速腳踏車給我。小學二年級的時候我騎的是二手兩輪腳踏車，所以這是我第一次拿到全新的腳踏車。那天我一大早就騎著閃閃發亮的新腳踏車出門。可能因為心情很好，騎上坡路的時候一點都不累，騎得很順。開心地抵達學校後，我把新的腳踏車用贈送的鎖頭鎖在停放腳踏車的地方，然後進入教室。到了午餐時間，我就出去看看，想知道腳踏車是否安然無恙地停在原位，結果腳踏車竟然消失無蹤了。我不敢相信我的眼睛。不知道那時為什麼會有那麼多人想要偷沒值多少錢的腳踏車。我覺得委屈又擔心，不知道該怎麼面對爸爸。當然這不是我的錯，因為當時除了用鎖頭鎖上之外，沒有能安全地保管腳踏車的方法。我不能因為腳踏車是新的就把腳踏車牽到教室裡啊！

之後還經歷過許多次失去。從弄丟鉛筆或雨傘這種小東西、跟所愛的戀人離別，甚至是祖母和外公的死亡。失去總是出現在我的生活中，只是對象和時機不同罷了。每當我失去某個東西時，就得要支付相對應的情感代價，也要學習沒有他也能好好生活的方法。弄丟腳踏車的時候，我學到要把委屈和遺憾拋在腦後，滿足於二手車；跟愛人離別後就要接受「緣分就是相遇後分離」。這次因投資失敗而虧錢也是一樣。我要學習沒有那筆錢也能好好生活的方法。**失去在我們生活中是如此普遍又必然的事情**，這樣的認知帶給我很大的幫助，讓我不再逃避虧損的回憶，而是學會面對。

之後，我開始將關於虧損的經驗寫成文章。我邊回想我面對的時刻以及虧損的過程，也邊找出虧損的原因和意義。當然認賠出場後，當下必然會為了消除委屈、挽回虧損而翻找記憶，找出虧損的原因。但是，在寫文章時，我的心情並不像當初那樣想要扭轉或挽回虧損。我已經承認投資失敗是我生活的一部分，並下定決心不再讓那種事影響我的生活，所以才開始寫書。

投資初期的我非常不安。雖然我也算過著穩定的生活，但我覺得不能滿足於現狀。我並不認同「大家都以自己的速度在生活」這句話。看著現實狀況時，我害怕落後別人，才會決定嘗試一個風險極高的冒險。過了一段時間後，回頭看當時的我，我清楚地看見讓我焦躁不安的就是恐懼。

建立在不安和恐懼上的信念和價值觀後來就在頃刻之間倒塌。我以前認為，目前為止的幸福都是達到特定的條件才得到的，而人就是要努力達到那些條件。舉例來說，只要達到許多人所想的寬裕的生活條件，那麼目前為止如影隨形的擔心和憂慮都會消失而變得幸福。不過，事實並非如此。就算失去了錢，幸福的瞬間也沒有消失。即使在看似一切都被破壞的戰場上也會誕生生命。就如同在廢墟也會開出鮮花那般，在不幸中依然會有值得微笑的事以及幸福的瞬間。以前會讓我哈哈大笑的搞笑節目依然很好笑，女兒逐漸長大的每個瞬間依然都令人感動。

沒錯，因為幸福並不在於條件，而是生活的方式和態度。所以沒必要為了配合條件而孤軍奮戰或冒著風險。生活方式和態度立刻就能改變，因此不管我現在身處的環境如何、擁有的東西多少，我們依然都能幸福。

# 04 必須從「投資失敗」這課學到教訓

人並不容易改變。天生的氣質和成長過程中形成的個性都不容易改變，因此以天生的氣質和個性為基礎造就的人，不會改變其實是很理所當然的。氣質和個性就像一種軟體，幾乎不可能會跳脫原本的預設值，就算偶爾發生，也勢必會在不知不覺間回到原本的生活方式。不過，如果是嘗到逼近死亡的痛苦或是實際面臨到死亡近在眼前，就另當別論了。

世界上有些事情非常神奇，讓人不禁好奇真的可能發生嗎？這類事情大部分都是遭遇到嚴重的疾病或意外。聽聽他們的故事會發現，一直以來他們堅信正確的信念和生活方式別說是讓自己變得幸福了，反而是將自己推往不幸之中。所以當我們領悟到自己目前為止的生活方式並不正確，或沒必要那麼做時，就會選擇新的生活。這就像把已經安裝的軟體格式化之後，安裝一個新的軟體一樣。

我的生活也正在改變。在經歷讓我的生活天翻地覆的虧損後，我抱持的生活信念和價值觀全都崩塌。我在老舊又無用的事物崩塌的那個位置，建構起新的生活方式和態度。克服心理創傷的過程治療傷口，不僅如此，還會體驗到正面的變化，這被稱為創傷後成長。針對實際經歷創傷後壓力症候群之患者的研究結果顯示，許多人在受創後，不僅能恢復到受創前的水準，還因為經歷了逆境或試煉而感受到正面的心理變化。就像生鐵經歷過在火爐上加熱並用鐵槌敲打的淬鍊過程後會變硬那般，我們的生活也會因痛苦的試煉而變得更穩固。這些過程會改變我們看待世界和生活的視角以及處事方式。

我思考過一開始為什麼會投資。我是為了什麼才拿著存了許久的錢而加入幣圈呢？原因就是想要變幸福。我認為只要我擁有越多就會變得比現在更幸福。我以為幸福是能夠衡量和比較的。不過，因為不滿意現狀、想要變得更幸福而嘗試相當危險的冒險後，我掉入泥沼、被急流沖走，最後只留下心理創傷。

然而，我並不是只有失去。許多人在認賠出場後，說：「算是我繳了學費。」大家都透過「虧損」這堂課學到了一些東西。他們認為這是學習「失去」的應付代價。可是有些人對於支付高額的學費表達委屈和憤怒。他們認為自己是因為不瞭解這世間的人情事理而上當。但是，在我來看，他們的委屈和憤怒並不是因為失去金錢，而是因為相較於失去，他們並沒有得到相對應的東西。

被稱為「投資鬼才」的華倫．巴菲特，從西元2000年起就以幫助窮人為目的，自發性發起「與巴菲特午餐」的活動。他將與自己共進午餐的機會拿去拍賣，再捐出得標金額。拍賣是透過網路拍賣公司Ebay進行，底價從美金兩萬五千元開始，出最高價的人將會得標。我們會覺得，不管是再怎麼有名的人，從七十五萬新台幣起跳的拍賣貴得太離譜了。不過卻有很多人參與競標，2022年最終場得標價格飆至五點六億新台幣的天價。這真的是世界上最昂貴的學費無誤。當然，如果有能力支付這樣的金額，應該早就是有錢人了，那麼他們為什麼願意付這樣的錢來跟華倫．巴菲特吃午餐呢？華倫．巴菲特又不是神算輔導老師，所以很明顯也不是為了聽巴菲特的推薦去投資，藉此賺取高於支付午餐的費用。他們是為了向華倫．巴菲特學習人生的教誨，也就是對生活的態度和方式才投資這筆錢的。

2007年美國專業投資者蓋伊．施皮爾和莫尼希．帕布賴支付將近一千六佰萬新台幣得到能與巴菲特吃午餐的機會。他們將跟巴菲特學到的教誨整理成三點：「每件事都保持真誠」、「不要認為拒絕很難」、「做你喜歡的事」這些已經是許多人都知道的單純生活方式，卻因為是從巴菲特口中說出的，所以很特別。原因不僅是他已經獲得財富自由，更重要的是，他是幸福的人。

獲得財富自由並不單指錢多。雖然他非常有錢，生活卻很節儉，還捐出百分之八十的財產。從另一個角度來說，大家付這麼多錢並不是要聽巴菲特教「賺錢的方法」，應該是要聽「過得幸福的方法」。因為幸福是付再多錢也買不到的。

我思考過我的虧損。原先我投資的目的是為了享受幸福的生活，所以儘管我經歷到虧損，但如果能因此學到幸福生活的方式與態度，那麼以結論來說投資是成功的。

**光憑金錢絕對無法讓我們變得幸福**，因為金錢本身沒有任何效用價值。我只是把這金錢用來交換跟心愛的人共度開心的時光，交換我喜歡的事情，交換有意義的事情。我們會因此而擁有幸福的時刻。不過，重新思考看看吧！一起度過開心的時光、做喜歡的事、做有意義的事，這些就算沒有錢也充分能做到。我透過這次的虧損得到這個堅如磐石的教誨。這教誨將會跟心理創傷留下的傷口一起伴隨我一輩子。我想說的是，我失去的錢是拿來投資幸福的，而這讓我得到了驚人的獲益，也就是能持續一輩子的幸福。

# 05 要遇到界限才能突破界限

人都不希望自己遇到界限，因為遇到界限時感受到的無力感和挫敗感令人不悅。不過，就算我不喜歡，還是會在生活中遇到必須面對界限的時刻。對我來說，虧損的經驗就是如此。

為了克服界限，首先要碰觸到界限才行。不過，碰觸到界限絕非輕鬆的事。以前我曾看過代表國家出賽的運動選手的訓練過程。他們會故意把自己逼到界限。首先會在跑步機上跑得非常快，快到心臟快爆炸的程度，跑到很累之後就立刻離開跑步機，雙手舉起五公斤的槓鈴，用力高舉過頭再放下，這樣反覆六十下。這樣做完一組後，會想要坐下來讓大腿放鬆，但還是繼續做第二組、第三組。中途如果遇到界限，在一旁的教練就會用宏亮的聲音喊著「繼續、繼續、繼續」。那時就是遇到界限的臨界點，過了那個時間點後，就會刻畫出新的年輪。我們也是這樣成長。

雖然我主修心理學，但我卻對處理情緒很生疏。常常只要感覺到一點點不愉快的情緒，我就會煩躁、想要逃避，而不是去觀察那個情緒是什麼。當然不會因此就胡亂地發脾氣，可是當事情不如意時，我就會煩躁，責備並批評別人的錯誤，而不是想要理解別人。用一句話來說，我沒有能力忍耐不舒服的情緒。

以前的我一定會想辦法避開那些痛苦的情緒，但在虧損的過程中，我卻得要訓練自己跟它共存。情緒如兇猛海浪般湧來，我根本無處可躲。訓練不會只是時間流逝就結束。直到我察覺到那些情緒想告訴我的訊息之前，它們都不會放我走。有時候會被一種情緒困住，有時候會同時遇到好幾種情緒。如果是以前，我就會把情緒轉嫁給身邊的人，擺出一副跟我沒關係的姿態，但這次沒辦法那麼做，因為在虧損後找上門，這些痛苦都是我的責任。羞恥或自責的實力很好，卻像個沒有同理心的教練那樣，根本不在意我有多辛苦。情緒的重量已經持續增加到我快要無法再承擔時，我只能獨自使出自己的力量，盡可能不要被重量壓垮。我一心期待這嚴酷的訓練可以隨著時間的流逝而結束。一組的訓練結束後，會有短暫的休息時間，但在我撐起之前，下一組情緒已經在等我了。

一開始我非常難負荷這些情緒，但隨著時間的流逝，我感受到變得稍微輕鬆。當我以為這就是我能承擔的界限時，不知不覺又是另一個起點，在這過程中我能承擔的限度擴大了。以前光是聽到那些情緒從遠處逼近的聲音就會想要把門鎖得緊緊的，但後來我心甘情願地為它開門，專注在它身上。「究竟你是想說什麼才來找我的呢？」，儘管無法一次處理所有的情緒，但我一一地解開不安、恐懼、憤怒、羞恥、自責和悲傷想告訴我的訊息。剛好這時痛苦的訓練過程結束了。我發現自己能承擔的限度比之前更大，也更成長了。而且之前畫下的界限就像年輪一樣，變成了痕跡，證明過去我所缺乏的部分。

人想追求成功卻會避開痛苦，所以就算已經長大成人，還是不容易成長。國手擁有自己想達到的明確目標、能代表國家出賽的自豪感以及會決定國家地位的責任感，所以才能忍耐那麼辛苦的過程。但我們呢？大家都會覺得人生僅有一回，到處享樂都不夠了，沒有什麼理由讓自己難受。所以我們會把自己能承擔的限度縮得越來越小。人際關係起了小衝突或是情緒上發生摩擦時，不會仔細觀察，而是草草略過；或是怪罪別人，把情緒推給別人，如果對方無法化解那情緒，就會逃避責任說：「你看吧！就說不是我的問題，是你的問題。」等到後來遇到像投資失敗等金錢損失，造成嚴重的生活問題，到那時才會明白自己是什麼樣的人。在嚴肅、謹慎、正經都見底的情況下面對情緒時，會覺得剎那的痛苦好像會持續到永恆，但在經歷這過程後就會成長，會承認自己畫下的界限其實只是在逃避責任的藉口，並展現出更有責任感的面貌。

# 06 在悲傷後，學會看見悲傷

面對情緒的訓練雖然辛苦，但撐過沉重的情緒後，訓練的成果就開始在生活的其他層面發揮功效。也就是說，我對人的態度改變了。我問過老婆，在認賠出場後，我有什麼改變，她說我不會像以前那樣常常堅持自己是對的，而且很容易被小事感動，變得很愛哭。用一句話來說，**我變得更懂得同理和憐憫**。

我總是覺得自己是對的。寬以律己、嚴以待人的人就是我。在我身邊的人會有多辛苦呢？一想到老婆和女兒就覺得很抱歉。以前的我認為效率和速度很重要。我無法忍受事情無法快速進展，對於浪費時間會很生氣，我不希望自己在競爭中落後，所以訂下的目標都必須趕快進行。

不過，我體會到在人生這場競賽中想跑快一點的念頭是錯的，就算曾經停在賽場中間再繼續走，速度也沒有那麼重要。生活並不是在與他人的競爭中爭輸贏，只是一場旅程，以自己的速度出發後持續到死亡為止。所以沒必要計較速度和效率，在某些時刻反而要停車才行。如果儀錶板上的警示燈已經亮了，就要先停下來，打開引擎蓋仔細檢查哪裡出了問題。在保養的期間不需要因為自己停下來而著急，就算花點時間看看自己身處的環境也無妨。而且如果要準備一趟開心的旅程，不需要開到跑車，能讓全家人都坐得下的轎車就夠了，沒有什麼比良好的關係更重要。

但是，我以前的生活方式根本不是這樣。我會考量聊天內容有沒有意義再加入話題，所以下班後老婆告訴我的瑣碎日常生活完全不在我的注意範圍內。我心裡嘀咕說又不是什麼重要的事，不懂她為什麼要跟我講這麼多沒意義的內容。當我敷衍她問的問題時，老婆就會抱怨說，為什麼我把聊天當成工作在處理。於是跟老婆情感上的關係就這樣逐漸疏遠。

我不在乎老婆的情緒，對她非常冷淡，以我的觀點來說，我只會判斷她的情緒合不合理。不過，在虧損後，我深刻地探索情緒並與情緒對話，之後也開始關注老婆的情緒。一想到先前我那以目的為導向的生活就後悔不已。老婆想告訴我的內容不只是日常生活的瑣碎小事，她真正想要的是透過那些媒介擁有與我一起度過的時光。我後來才瞭解到，她在表達對孩子的擔憂時，並不是請我來解決問題，而是希望我能承擔我們一起走在從未走過的「父母」這陌生的道路上時感受到的恐懼。那時我常常責備她說：「又還沒發生，幹嘛那麼擔心呢？」其實當初只要認真聽她說話，然後說一句：「好像真的是這樣耶！」這樣就行了，我卻沒能做到。我好像是在遇到辛苦的時候才瞭解到之前老婆有多辛苦。

現在我會跟老婆聊一些雞毛蒜皮的小事。今天發生了什麼事、午餐怎麼樣等，透過沒有特定目的的對話持續製造出意義。在聽老婆說話時，我會努力觀察她想告訴我的情緒是什麼。後來當我碰觸到老婆的情緒時，就感受到我們的情緒是連結在一起的。

跟老婆的關係改變的同時，在我身上也出現另一個變化，那就是憐憫。憐憫是指看到別人的痛苦時，會一起感受到疼痛。我之所以會變得比以前更愛哭，也許是因為我選擇直視別人的痛苦、不再迴避。我主修心理學，也在研究臨床心理學，通常都是遇到來醫院的人，都是內心生病了才會來醫院的。對我來說，他們的症狀是我評估的對象，並不是我要同理的對象。因為要透過評估心理狀態來正確地診斷那是什麼症狀，才能提供相對應的治療。我提供心理諮商的對象都是上班族，儘管我開始從原本判斷的態度逐漸轉變為試圖同理他們心情的態度，但我依然是在判斷。

雖然偶爾聽到他們的故事時會流淚，但那並不是因為他們的故事特別悲慘或痛苦，通常是因為他們的故事就是我的故事。只有在某人讓我想起我已經忘記的痛苦時，我的憐憫才會被觸動。

偶爾也會遇到身邊的人經歷痛苦的時刻。他們可能是我們的同事、我們的家人，甚至是我自己。如今我不再對於日常生活中遇見的人遭遇的痛苦坐視不管，但也不是因為這樣就要特別為他們做些什麼。在我渡過「失去」的過程時，帶給我最大力量的就是看到有些人默默地忍耐並守護我，直到我的傷口恢復並且能再次站起來為止。虧損的痛苦完全在我身上，任何人都無法代替我承受。所以看到別人受苦時，不該不理會或語帶同情地說：「怎麼會遇到這樣的事？真倒楣！」而是需要憐憫的心，相信並等待。

現在當我遇到經歷辛苦的人，我就會像對待自己那樣對待他們。有時候在路上開車時會遇到一些不太親切的人，他們就像後面有人在追一樣，狂踩油門、速度快到很危險，以前的我看到他們就會咒罵說：「那種人就是要出過車禍才會學乖！」但現在我不會這樣了。我會祝福他們能脫離不安，找回內心的平靜，然後相信他們。

我相信時間流逝後，情緒的風浪平靜下來時，他們也能像我一樣好起來的。因為我能理解他們受苦的內心，而且他們對某人來說也是很重要的人。

# 07 在虧損的終點重新開始的方法

某天下班回家後，女兒就跑到我面前，一副像是在等我下班一樣。接著她開始抱著我哭，因為家裡幾個月前養的四隻熱帶魚中有一隻死了。女兒一發現熱帶魚肚子翻過來、浮在水面上時就開始放聲痛哭，邊哭邊說：「都是姊姊沒有把你照顧好，對不起。」說了好幾次。她對於魚的死亡非常自責，不停流淚來表達她的悲傷。就算在一旁的我們心疼地安慰她說那不是她的錯，也還是沒有用。

在大人眼中魚類的死亡並不罕見，「只要再去賣場買幾隻回來補足就好，有必要那麼傷心嗎？」但對女兒來說那是非常嚴重的失去。我想這應該就是一塵不染的純淨悲傷，女兒哭了好一陣子後問我：「爸爸，魚死後會去更好的地方嗎？就像我們有一天死掉之後去更好的地方那樣嗎？」

女兒為了接受魚的死亡而以新的角度重新定義死亡，「死亡造成的失去不是結束，是新的開始」。她安慰自己說，就像人總有一天會死那樣，魚也只是面對預料中的死亡罷了。明明都沒有人教她，她卻在哭了好一陣子後接受失去，然後自己安慰自己。孩子面對失去的方式令我震驚不已，看到她踩著悲傷站起來的模樣，我的心中感受到一股莫名的溫暖。也許我們早已在童年經歷深刻的失去和離別時就已經學會面對的方法。否則我們是怎麼在失去無數多次之後走到現在的呢？我們就是這樣踩著失去和失敗的經驗而成長過來的。

不知道從什麼時候開始，我變得害怕失敗和失誤。與其說是害怕因此失去一切，不如說是周遭的評價讓我變得不安又辛苦。然而，透過這次的經驗讓我瞭解到，失去是所有人都會經歷到的普遍現象，是生活中很自然的一部分。我還瞭解到，比失去東西更重要的是，我們透過那過程學習到什麼是真正不該失去的。

到現在為止我所認為的，能挽回失敗的方法就是不斷地挑戰過去的失敗。考試落榜就重考，虧錢就重新賺回來。於是我持續說服自己，在我放棄之前還不算失敗，然後持續以最笨的方式挑戰。當然，如果我有充分的經驗和能力能挽回失去的金錢，說不定我反倒能聰明地應對。但是我並沒有那種經驗和能力。承認失敗並放棄挽回需要非常大的勇氣。不過，之前我緊握雙手是為了不放掉已經離開我手中的東西，但我一張開後就迎接到新的可能。一開始我腦中充斥著空虛和虛脫，但難過了好一陣子後，我面對一個問題「什麼是我真正想要的？」。

我在跟內心煎熬的人諮商時發現的其中一件事情是，對他們來說最難的一步就是坐在諮商室的椅子上。為了進入諮商室，他們必須先承認自己有問題。然後也要接受，自己無法獨自解決問題，必須請求別人的幫助。而且前提是要承認自己沒有能力或是承擔身邊不瞭解的人給予的負面評價，所以非常困難。可是，要撐過這種非常有損自尊心的事才會碰觸到真正的自尊心。如果不斷反覆思索什麼是自己真正想要的、什麼事能讓自己的生活變得有意義，到後來就能跟自己面對面。

就在我快要渡過「失去」的過程時，我問自己，什麼是我真正想要的。

為了回答這個問題，我必須回顧過去的日子。從上大學聽到心理學概論的那天起直到現在，我所做的事就是理解人們的內心並幫助他們。**我生活的意義就在於陪伴那些帶著生病的心來到醫院和諮商室的人，陪伴失去內心方向、徘徊不定的人。為了幫助承受不了生活中的痛苦而想自殺的人，我設計教育課程，而當我講授這課程幫助許多人時，我的內心非常富足。**

回顧過去，我找到什麼是我真正想要的、什麼事對我來說很有意義後，我深深地後悔。我到底是為了什麼才加入這麼危險的投資。我決定要在後悔的時間過去後，度過有意義的生活，所以我才會寫這本書，希望能幫助像我這樣因苦澀的失敗經驗而受苦的人能更順利渡過「失去」的江河，也想告訴他們在挫折的盡頭連結著希望的開端，就像幾何學上的「莫比烏斯帶」那樣不會停下來。

就在我認為應該會有結束的時間點，我正在準備重新開始。人生就像宇宙，當眼前看起來像盡頭一樣的事物不斷靠近時，就是另一個開始，而且正無限地膨脹。所以，認為人生會因為單一事件被決定、會在一瞬間被決定是多麼愚蠢的想法啊？一次的失敗只不過是我們人生自傳中結束一個段落的句號罷了，因此只要在結尾後接續寫下一個段落就行了。但是不要忘記自己必須在畫下句號前渡過多麼煎熬的時刻，然後懇切地希望下次能夠畫下成功的句號，而非失敗。

Chapter 05

# 低風險高報酬，

## 為幸福投資吧！

現在應該要送走一直緊抓不放的虧損記憶，重新開始為了幸福而投資。無論你認為的幸福是什麼，在投資中最重要的就是你自己。

# 01 幸福要多少才夠？

下班回家後，我坐在餐桌準備要吃晚餐時，女兒靠了過來，幫我按摩，說是要為我加油。她用那小小的手按摩我的肩膀，感覺到她長大了，手也開始有力量。雖然沒有按很久，但我的疲勞似乎全都消散了。當時我正因投資失敗而憂鬱很長一段時間，看到她為爸爸著想，覺得她很懂事，也很感謝她。我說：「女兒，謝謝你。我給你零用錢。」然後從皮夾拿出一張鈔票，但她卻極力拒收，還為了躲開我要給她錢的手而到處跑，跑到一半她突然說她有一個願望。我問她的願望是什麼，她說：「希望我們家可以一直……都很幸福。」我以為她還只是個會纏著我、叫我買玩具給她的小孩子，她的回答讓我當場呆住，就像挨了一拳一樣。

儘管我努力避免在孩子面前展露出辛苦的樣子，卻還是被孩子發現爸爸因虧錢而相當煎熬，所以我很慌張。我回答說：「好啊！我知道了。謝謝你。」之後就癱坐在沙發上。看來我想隱藏卻無法隱瞞的貧窮、我內心的貧困被女兒發現了，我因此羞愧不已。當時各種情緒一次湧上來，我不自覺地開始紅了眼眶。我反覆思索孩子說的話之後體會到，我該追求的不是錢，該追求的是幸福。因為這才是我原本期盼的生活，也是孩子最期盼的生活。

那天晚上，我躺在床上準備睡覺時，開始思考到底什麼是「幸福」。我什麼時候覺得很幸福呢？我試著回想記憶中的幸福時光。當我還是個天真爛漫的孩子時，沒有什麼擔心煩惱，跟朋友一起玩到天黑的那天；三年的醫院實習結束後就業的那天；結婚後，殷殷期盼孩子誕生的那天。我回顧過去才發現，我經歷到的幸福瞬間都是用錢買不到的。

那別人呢？我問了一個熟悉的晚輩，他回答說是第一次一個人去濟州島旅遊；另一個人回答，是下班後跟家人一起吃晚餐，兒子幫自己倒酒的時候。每個人感受到的幸福面貌是如此各不相同，但大家都在努力追求自己的幸福。

伊利諾州立大學心理學教授艾德．迪安納（Edward Francis Diener）定義的幸福是「主觀的滿足」，這裡的重點是「主觀」，也就是說，不管誰說什麼，只要我喜歡就夠了。而且「滿足」表示不存在能衡量幸福的絕對標準，是取決於自己對於身處的狀況或條件的滿足程度。

佛教定義的幸福是「不痛苦的狀態」，這痛苦來自於貪念，所以意思就是，不貪求超出自己能力的部分，滿足於現有的一切，這樣的生活就是幸福。東西方所說的幸福定義看似不同，但其實都是在說同一件事。**減少期待、希望和慾望，滿足於現有的一切，就能達到幸福**。當然幸福的生活看似簡單卻很困難，需要持續不斷的努力。

然而，一般人並沒有減少期待、希望和慾望，而是透過填滿這些來追求幸福，後來就會發現需要金錢。大家都是為了買到幸福而賺錢。但難道就如大家所想的，只要投資成功賺大錢，就真的能變得幸福嗎？

已經有好幾次的研究提到金錢對幸福的影響。2010年普林斯頓大學的研究顯示，在年收入達到美金七萬五千元之前，幸福會隨著收入的增加而提高，但超過七萬五千元之後，收入跟幸福的關聯性就降低了。2010年美國每人的GDP是美金五萬元，所以可以預期收入達到一點五倍之前，幸福會隨著收入的增加而提升。不過，一旦超過那金額，幸福就不會隨著收入的增加而提升。

我們把這個研究結果套用在臺灣看看！2022年臺灣每人的GDP大約是美金三萬六千元，這金額的一點五倍就是美金五萬四千元，也就是說，在收入達到美金五萬四千元之前，收入增加越多，就會越幸福。不過，可以預期的是之後就會逐漸降低。將美金換算成台幣後，就是一年所得在台幣一百六十二萬元之內，收入和幸福的關係是成立的。應該也會有人感到意外，這個金額似乎沒有想像得多。即使研究結果是如此，我們還是希望擁有更多錢，夢想一夕致富而投資虛擬貨幣、股票、房地產，下班後回家路上還會買張樂透。當然跟沒錢相比，錢多當然比較好，這樣才能買到自己想買的，人生的選擇也才會比較多。問題在於，跟別人比較後的焦躁、不安會讓人貿然進行勉強的投資。到頭來別說是賺到錢，大家都是虧錢。

好，我們一起來張開幸福的想像翅膀！假設各位投資的虛擬貨幣和股票賺翻了，原先投資台幣一百萬元，後來經過幾次利多的機會，在幾週內獲益達到百分之一千。獲益瞬間暴增十倍，一千萬立刻到手。最近我看到一個問卷調查結果，達到財富自由需要的金額以及「有錢人」的標準大概就是新台幣一千萬。終於，你達到了期盼已久的財富自由。各位覺得自己真的會比以前更幸福嗎？大部分的人會想：「已經多了很多錢，還不幸福不是很奇怪嗎？」不過，跟我們想的不一樣，中樂透或其他突然獲得大筆財富的人，他們的幸福感維持一年之後就逐漸減少，結果他們就跟沒有中過樂透的一般人沒有太大的差別。

這種研究在美國、英國和荷蘭等所有國家做出的結果都很類似，心理學稱這個現象是「享樂適應（hedonic adaptation）」，意思是無論發生再好的事，人的心理特徵就是會立刻適應。假設你拿出所有家當投資好幾年，終於在吃盡各種苦頭後，住進蛋黃區的高級住宅裡。一開始會覺得終於達到目標，非常開心，感受到無比的幸福，但幸福的有效期限並不長。短則幾週，長則幾個月，時間一過就會覺得一切很理所當然。幸福的有效期限過去後，又要找出其他能帶給自己幸福感的東西。

在全球各地反而常常會看到樂透頭獎得主在中獎後變得不幸的新聞。狀況千奇百怪，有的夫妻為了爭奪獎金而告上法院到後來離婚，有人則是被覬覦獎金的人詐欺，還有人離開原本正常的工作，盡情揮霍，到後來欠下一屁股的債。

說到底，幸福並不會取決於有沒有中樂透，而是在中樂透之前過得幸不幸福。中樂透之前過得不幸的人，就算獲得一大筆錢也會立刻變得不幸；中獎前就很幸福的人，中獎後依舊能度過幸福的生活。因此，可以導出一個結論，並非擁有的資產規模大小決定幸福，而是生活方式和態度決定幸福。

## 02 低風險高報酬，為幸福投資吧！

值得慶幸的是，幸福不會追問我們過去受到多少苦難和逆境。不管我們之前失去了多少的東西，如果為「失去」支付情感代價，也體認到那經驗帶給自己的意義，就充分能得到擁有幸福的機會。研究結果顯示，有超過百分之七十的成人都會經歷生活危機。那危機會讓支撐自己的生活傾覆，也有一陣子因海嘯般湧來的痛苦情緒而過得很艱辛。有些人會失去親人，有些人會失去健康。甚至還有人會遭遇天然災害或淪為犯罪行為的受害者。重點是，即使如此，他們當中相當多的人都還是能恢復。他們正視想逃避的痛苦情緒，一邊忍受著痛苦一邊反覆思索創傷對自己的意義，這過程會讓他們能重新站起來，然後開始對於一直以來想否定的自己抱持肯定的態度，人際關係也比以往更深刻，增添生活的意義。人會這樣踩在以前傷口留下的疤痕上度過新的生活。即使無法挽回已經失去的東西還是能挽回幸福。

現在應該要送走一直緊抓不放的虧損記憶，重新開始為了幸福而投資。無論你認為的幸福是什麼，在投資中最重要的就是你自己。看看身邊的人，有些人有很多錢、有不錯的公司，人際關係看起來也很好。但是仔細觀察在別人眼中樣樣不缺的他們，會發現其中也有很多不幸的人，因為期待和希望過於龐大，相形之下，現實中的自己非常寒酸。在理想和現實的差距中感到煎熬的人，無論旁人眼中的他有多好，他也不幸福。所以最重要的投資項目就是「我」自己。為了能度過幸福的生活，要能真正愛惜自己、肯定自己。

幸福一直都在，所以我們該投資的另一個項目就是「現在」。憂鬱是對於已經流逝的過去感到後悔和自責，不安則是對於還沒來到的未來感到擔心和煩惱。為了不讓憂鬱和不安停留在「現在」，就算是拉著自己也要讓自己完全地留在「現在」，這樣才能感受到幸福。此外，不管現在有多幸福，也無法保障這幸福會持續下去。用一句話來說就是，幸福無法儲存。所以，**我們要不斷地賺取的不是錢，而是「幸福」**。

最後我想說，**要投資在能達到幸福的最確實項目——「關係」上**。這點不僅有許多研究結果驗證過，我們透過生活經驗也很清楚關係的重要性。很少有事情能像跟家人、朋友或同事維持良好關係這讓我們感受到意義和喜悅。此外，當我們發生意料之外的不幸事件時，能感同身受並安慰我們的就是他們。所以，我希望你不要疏於投資「關係」。我們非得等到失去珍貴之物後才體會到它多麼有意義。從過往的經驗中記取教訓、不再重蹈覆轍，這種風險管理是投資幸福時最重要的。

上面說投資在「我」、「現在」以及「關係」上，這三項都跟以前我們的投資標的完全不一樣。我們一直以來都為了增加物質資產而投資在「房地產」、「股票」和「虛擬貨幣」上，為了想要超越別人而蕭貪地投資在「高風險、高報酬」的項目，到後來蒙受損失。不過，增加物質資產無法擔保幸福，所以為幸福投資時需要改變才行。上面所說的「我」、「現在」和「關係」這三個都是「低風險、高報酬」的項目，還能持續提供名為「幸福」的獲益。現在起讓我們來瞭解投資各項目的投資方法吧！

## 03 CEO風險管理

投資裡最重要的是什麼呢？包括選出好的投資標的，遇到試煉時絕不動搖、堅守自己的信念等等。不過，我認為最重要的應該是風險管理。因為我投資的標的並不是永遠都會獲益，得要確認並管理不知道什麼時候會遇到的風險。所以不虧損的投資就是好的投資。這麼說來，以這樣的觀點來看，如果要投資在「我」身上，該怎麼做風險管理呢？

首先，我們先從什麼是風險開始定義。我們個人可視為生產「幸福」的一人企業，因為終極的生活目標就是「幸福」。大部分的人都抱持著難以實現的經營哲學和高品質標準。因此，就連別人看來沒有什麼問題的產品也因為無法達到那個標準而被貼上「不幸」的標籤，當成廢棄物處理，結果生產量相較於投資額就顯得非常糟糕，形成萬年虧損，讓自己非常痛苦。儘管已經加班到深夜，連周末加班也在所不惜，卻因那種生活標準而累倒，只好掛出「我這輩子已經完了」的布條後關門大吉，這種人不只一兩個。說穿了，在生產幸福的「我」這個企業中，最大的風險不是別的，就是「我」。在消費過往生產的「幸福」的同時會獲得獲益，所以應該要以這獲益為基礎生產更多「幸福」，但大多數的人卻因此阻擋自己。

妨礙自己、讓自己感受不到幸福的人會有許多型態。最常見的就是以過度嚴苛的標準評斷自己的行為並自責，他們對別人無限寬容，卻對自己非常嚴苛。其他人眼中的他們很有公德心、很優秀，但實際上大多數的他們都不幸福。他們得要達到自己追求的目標或標準才會獎勵自己。

想想看，假設只要你沒有達到業績目標，公司就不給你薪水，那麼誰能忍受這種公司還繼續待著？如果一開始是這樣簽約的，就不在我們的討論範圍內。就算真的繼續待下去，公司不支薪的期間越長，員工的不滿也會像滾雪球一樣越積越多。到後來一定會失去工作動力，沒多久就會想辭職了。因此，固然要自己設定獎勵的標準或目標，但你光是踏實地為自己生產幸福也是一件應該要獎勵的事情。

在世界上並不存在完美的生活，若真要追求完美的生活，我們永遠都無法達標。當然應該不會有很多人認為自己設定過高的標準。我想說的是，如果大家都想變得幸福，至少要有個最低標準。這句話就像是當有人問「你的理想情人是什麼樣子」時，你回答「善良、可愛、個性好的人，很平凡吧？」一樣。

如果以非常嚴格的標準判斷幸不幸福，到後來就會覺得自己是個沒有能力又糟糕的人，這樣就會失去自信，自尊也會跌到谷底。破壞性的自我實現預言永遠都準的不可思議，還會隨著時間的流逝而把自己關在不幸的惡性循環裡。當然人都需要評估自己的生活和執行程度，如果遇到失誤或失敗，就要檢查並反省哪裡出錯了。可是大部分的人都會被過去的失敗綁架，無法往前進，反覆思索苦澀的失敗記憶。所以，在生產幸福方面，我們該努力的就是，不要讓「我」變成風險。

妨礙自己感受到幸福的另一個風險就是拿自己跟別人比較。別人把我當成比較對象時自尊心會受挫，在這同時我們實際上也不斷地跟別人比較。後來不知不覺間看到自己寒酸不已的樣子就會非常難受。只要看著近日相當流行的社交平台，就會有種錯覺，好像除了我以外，大家都過得很幸福。有些人在旅館附設的能眺望寬廣水平線的露天游泳池裡悠閒地度假。只要看到他們帶著炫耀的口吻展示著我沒錢而買不起的高價商品，羨慕的心讓我們立刻就輸了。我們沒辦法因為羨慕他們就立刻去度假，以自己的經濟條件也買不起高價商品。但其實就算擁有多到花不完的錢而每天那樣生活，那種生活帶來的滿足感也會因為享樂適應而在某個瞬間歸零。可是我們卻忽略這種事實，光是看著眼前所見的許多人的幸福樣貌，不斷過度上調自己的幸福標準。這就像是設定一個無法達到的生產目標一樣。設定不符合自己狀況的目標註定會失敗。

我們不能只是過著看起來很幸福的生活，應該要活出幸福的生活，所以不要拿別人的生活跟我們的生活比較。不是有人說過，變得不幸的最快方法就是比較嗎？對生活的滿足和幸福並不是可以比較的，就算許多人走也無法保障那條路百分之百就是對的。一直追著「別人的幸福」到後來往往就會真正失去「我的幸福」和生活。

之所以會追著「別人的幸福」就是因為不知道什麼是自己期盼的生活，也不知道什麼是自己該打造的「幸福」。這樣的話應該要難過才對。因為失去了自己生活的意義和幸福，還東張西望觀看別人的生活，這完全是件悲傷的事。如果充分地悲傷了，就再問問自己：「我做什麼事情時會感到幸福？」還有：「什麼時候我的生活會像星星一樣閃耀？」如果找到了答案，就只要出發追尋屬於你的幸福就行了。

# 04 學會不失去幸福的好習慣

現今台灣人的預期壽命是八十一歲，比十年前大約增加了三歲。如果照這個趨勢持續下去，過五十到六十年後，平均壽命就會達到一百歲。現在問題已經不單是長壽，如何健康地長壽變得更重要。「損失金錢算是小損失，損失人算是損失很多，損失健康就是損失全部」這句話並不是講很久以前的狀況。健康就是這麼重要，在追求「幸福」方面，健康是最重要的要素。

最近求職的人當中越來越多人挑選公司的標準是「福利」和「工作與生活的平衡」。以前判斷公司優劣的基準是付多少薪水，但現在不一樣了，不知道從什麼時候開始，人們開始計較永續性，而非薪資，這是因為對於不確定的未來感到不安的關係。正因如此，大家更偏好雖然現在提供的薪水不多，但能保障中年，甚至是退休生活後的公司。

在我們生產並消費幸福這方面，「永續性」很重要。永續性源自於維持日常生活。人的屬性是希望能永遠維持一定的狀態，體溫總是保持在三十六點五度，體重也是維持在一定的水準。這種恆常性一旦被破壞就會生病。一旦生病，生活範圍就會縮減，無法完全地專注在生活上，只得全心投入在治病上，因為這是關乎生存的問題。所以在生病的狀態下，追求「幸福」的行動就不在優先順位裡。確實有人在染上不治之症後，還是能品味生活的意義並感受到幸福。不過那也是等到他們用盡各種手段和方法後，接受「自己的病無法治癒」才能做到的。因此，我們要努力保持尚未失去的健康。

在保持健康方面最重要的就是活動、飲食和睡眠。這三個是維持生存的最基本要素。要滿足這些基本要素才能工作、擁有人際關係，也才能累積資產。可能有人會覺得日常活動少做一次不會有什麼大問題。話是沒錯，雖然一次不會成為什麼大問題，但這些都是我們的習慣。運動習慣、飲食習慣、睡眠習慣，所謂習慣就是我們長期反覆去做，過程中自然而然熟悉的行為模式。今天不運動的人，很難期待他明天會運動。睡眠和飲食也是如此。

在讓身心保持健康方面，運動扮演非常重要的角色。運動不僅會分泌讓人心情變好的神經傳導物質，如血清素或多巴胺，還能促進新陳代謝，有益健康。基於這些原因，醫生會對憂鬱症患者開立運動處方箋。光是活動身體就能擺脫憂鬱的情緒、脫離折磨自己的想法，進入每時每刻都發生改變的豐富生活。

以進化論的觀點來看，人體也是被設計成必須不斷活動的。我們的祖先為了狩獵和採集，一天內就會走十至十五公里。我們的大腦會為了規畫並執行這些活動而更加成長，身體也會在活動時達到最佳的狀態，這都是原本人體的設計。我們的身體就像為奔馳而生產的汽車，但如果都不活動，每天都停在停車場裡閒置，這樣不僅無法在重要的時刻發揮應有的機能，還會很快故障。

諾貝爾生理學或醫學獎得主伊莉莎白．布雷克本（**Elizabeth Blackburn**）提到運動時說：「有一種藥能讓人活得更久，還能降低高血壓、腦中風、心血管疾病、憂鬱症、糖尿病、代謝症候群以及失智的風險，而且不會有副作用。這就是運動。」

你有自信得了上述疾病後還能幸福嗎？說實在的，我沒有自信。疾病會啃食我們的內心，我們還要貢獻許多清醒的時間來抵抗病魔。所以在染病之前就開始運動吧！聽說光是每天持續運動二十分鐘以上的這個小習慣，就能讓自己比以前更健康。但這不代表就需要專業教練的協助或非得要提著沉重的啞鈴強化核心肌肉。沒有運動器材也可以走路或跑步，光是做有氧運動也會有很大的幫助。

為了做到在維持健康方面不可或缺的運動，還需要一件事，那就是飲食。無論跑車跑得再怎麼快，如果要拿到第一名，還是需要進廠維修、補充燃料。我們不停地活動著，連身體停下的時候，也可以看到腦的活動依然非常活躍、持續運轉，就連睡覺的時候，腦也是醒著的。基於這個原因，規律補充養分是維持健康生活方面必須的活動。

我們偶爾會發現自己沒來由地心情變差或變得敏感。這種時候就要檢視現在自己是不是餓了。還記得士力架（snickers）巧克力棒的廣告嗎？這個產品有一句廣告詞持續出現超過十年之久，也就是「去你的餓，做你自己」。當廣告中的主角無法控制情緒、專注力下降時，身旁的朋友就會說：

「去你的餓，做你自己！」接著就把巧克力棒塞進主角的嘴巴，主角吃下之後就突然充滿活力，回到原本的樣子。當我們吃到美味的食物時，心情就會變好，這也是為什麼電視上有這麼多吃播，以及社群平台上有這麼多美食餐廳照片的原因。而且如果不是一個人吃，而是跟內心契合的人一起邊聊邊吃，就保證會幸福。

最後，跟運動一樣重要的就是睡眠。我任職的研究所分析上班族的健康檢查結果，發現一天睡眠時間遠少於或超過七小時的人，憂鬱、不安、自殺的危險性都會增加。睡眠的功效比一般人所想的更多。基本上人體的設計是需要睡眠的。我們身體內建生理時鐘，時間一到就要睡覺才行。睡覺的期間能讓最重要的器官，如大腦和心臟休息，這個過程能消除疲勞、維持免疫力。以精神的層面來說，會啟動刪除不必要資訊的忘記作用，並整理過去的記憶，為明天重新整備。

睡眠這麼重要，但很多人說人生有三分之一都在睡覺，很可惜。還會把睡很多的人當成懶蟲，寧願減少睡眠時間，努力做點什麼。不過，根據剝奪睡眠的實驗結果，減少睡眠時間後，注意力和專注力都會降低，就算投入時間工作，也很難得到相對的成果。而且神經會變得敏感，無法好好調整情緒，在這種狀態下將會很難感受到「幸福」。所以允許自己擁有充分的睡眠時間吧！

## 05 用充滿「自愛」投資幸福

愛自己在心理學稱為「自愛」。愛自己的行為是再好不過的，但這個用語常用在性格有問題的人身上，「自戀性人格障礙」或「自戀」這些用語是描述陷入自我陶醉、對他人的痛苦感受遲鈍之人的特徵。這種情況下的「自愛」就是指跟他人比較後得到的優越感。

舉例來說，學生時期得到比同學更高的成績時，會因為自己比別人更會念書，就覺得自己更有價值、更優越。不過這種「自愛」的基礎是優越感。因此，如果成績比自己差的同學某天突然獲得比自己更好的成績，自然而然就會覺得自己是次等的，一定會很挫折。

這種人在長大成人後也會出現類似的狀況，會炫耀自己的工作比別人更好、年薪更高、資產很豐厚，以此輕視其他人，但在他們的心裡害怕他們所認為不如自己的人會小看自己。因此，就算他們擁有別人看來已經非常優秀的條件，他們還是會為了得到更多東西而不斷地孤軍奮戰。相較於已經擁有的，他們更注意到自己沒有的，所以無法對自己擁有的部分感到幸福。

愛自己是指不跟任何人比較，認定自己原本的樣子。有天女兒拿著幾天前讀過的書最後的填字遊戲來玩。她先聽聽書中出現過的詞彙的解釋，然後猜出是哪個詞彙，題目當然很簡單，大概有七題。每當寫出一題的答案時，女兒都會用力地喊出來。連最後一個問題都答對時，女兒在客廳裡蹦蹦跳跳地說「我做到了！」、「我是天才！」。只是全都答對，就說自己是「天才」確實有點誇張，但這表示她對自己很滿意。當時她的樣子完全就是「幸福」。並不是跟別人競爭後獲勝而稱讚自己，是因為對自己的行為感到滿意而愛自己。

我們從小就聽到父母或周圍的人無數次的稱讚。出生後光是會笑、滿一歲起只要走路，也會聽到別人說「太可愛了，好厲害！」。這些稱讚是愛著我們原本的模樣，而這份愛會成為肥料，開出幸福花朵。可是，不知道從什麼時候開始，跟別人比較之後，稱讚就減少了，認為自己很珍貴、尊重自己的想法也減少了。

不過，我們已經成為大人了，如果要像小時候那樣光是放屁也會被稱讚「太好了」，大概就只有做完盲腸手術後的時候吧！所以現在起自己要懂得愛自己才行。我曾經在網路上看過有人在自己的生活計畫表上蓋章。上面寫的都是很瑣碎的生活計畫和行程，大概就是七點十分起床、九點半上班、十一點三十分交報告這種非常枝微末節的計畫。旁邊還有一個欄位是「執行結果」，裡面蓋滿紅色的印記「完成」、「我做到了」、「成功」。這些印記看似微小，卻是稱讚自己按照計畫生活的訊息，看起來就像幸福的郵戳一樣。最後一行的備註事項寫著「今天也很努力」，再蓋上一個「你超讚」的印章。如果這麼愛自己，我敢斷定，幸福的日子會比不幸福的日子更多。透過對「我」的簡單投資，就能讓每天都變成幸福的一天。

# 06 接受不安的情緒，專注現在的問題

在醫院工作的過程中，會遇到罹患各種精神疾病的人，其中我最關心的就是強迫症。強迫症並非出於本人的意志，他們是因為浮現出某種想法或場景而感到不安，於是會為了消除那不安就會重複做某種行為。最常見的症狀就是再三確認。比方說，有人會害怕自己煮完菜之後沒有關瓦斯，導致家裡失火，所以會不安地反覆確認瓦斯好幾次，或是擔心摸到東西後，細菌還留在手上，導致罹患疾病，所以會不安地反覆洗手。儘管大家都知道明明只要確認一次就夠，還是無數地再三確認，這就是強迫症的症狀，但連我自己也不自覺地覺得鬱悶。更惋惜的是，他們充分知道自己的行為並不合理。

他們就像電影《魔鬼終結者》裡面的莎拉．康納，現在的生活彷彿是要

拯救自己脫離未來可能會發生的災害。儘管其他人聽到莎拉·康納的話都覺得很荒唐，但那是實際上會左右自己生死的重要問題，所以她根本不可能放著那問題不管，把注意力轉移到其他事情上。

雖然每個人的狀況各有不同，但大部分的我們都對未來感到不安，而且很容易在忙著付出各種努力來減少不安的過程中失去了「現在」。有很多方法能擺脫對未來的不安，其中一個就是暴露在會讓自己不安的狀況中。比方說，假設我認為家人一旦發現我投資失敗就會拋棄我。如果是因為這種恐懼而不敢告訴家人，只是一個人過得戰戰兢兢，那麼就應該要告訴家人自己投資失敗，這樣才能擺脫不安和恐懼。也許家人當場會受到很大的衝擊而批評我，但在驚嚇和生氣的情緒沉澱下來後，大部分的人都會一起努力解決問題。我們認為的最糟糕的情況幾乎都不會發生，所以要把自己放在會讓我不安、恐懼的狀況中，這樣當我確認到自己的預測是錯的之後，就不再需要恐懼了。

另一個方法是，記住「想像的並非事實」。許多人一邊擔心某個問題，一邊做出彷彿問題已經實際發生的行為。不過，實際上在我們擔心的事情中百分之九十都不會發生，而且就算我們非常擔心，該發生的還是會發生。

當然，擔心的情緒是我們生活中需要的一部分，有時候也會幫助我們。不過，光是擔心無法解決任何問題。雖然要擔心才會有動力想要解決問題，但下定決心要解決問題之後應該要專注在我們能做的事情上。如果擔心也沒用，那麼就要抱持著樂意接受的心態，而不是陷入在那些想法當中。

你因為失去金錢而擔心嗎？任何人都有自己的速度。人生就是，不管想跑得多快，只要紅綠燈變成紅燈就得要停下來。麥特．戴蒙曾主演過一部電影叫做《絕地救援》。一群太空人在探測火星時突然遇到沙塵暴，隊長判斷隊員馬克．沃特尼已經死亡，便和其餘的隊員返回地球。然而，大家認為已死的馬克．沃特尼卻戲劇性地活了下來，一個人跟剩下不多的糧食被留在火星上。即使身處生存可能性微乎其微的絕望環境中，他依然沒有放棄生命，終究返回地球。在這電影裡，我印象最深的台詞是：「只要先解決一個問題，再解決一個問題，然後再解決另一個問題就行了。你充分可以解決那些問題，終究能回家的。」馬克．沃特尼計算從數千萬公里遠的宇宙回到地球的機率後並沒有感到絕望，而是專注在解決眼前的問題，持續做著他可以做的事，結果就回家了。

我們也是一樣，當下的虧損可能會讓眼前看起來一片漆黑又絕望。也許會茫然地想到底該怎麼挽回已經失去的錢，不過要記住，雖然有點慢，但只要沒有停下來，堅持走下去，總有一天會抵達目的地的。所以不要太著急，只要專注在現在我能做的事情上，我們一定能達到幸福的。

# 07 不會後悔的選擇

我們總是在面對選擇的十字路口。例如為了能準時上班，會思考該不該搭計程車；當其他人都為了賺取薪水之外的獲益而理財時，會思考自己是不是也該投資些什麼等等，選擇的時刻無數次地接連下去。不過，等時間一過，立刻就能知道我做的選擇不是最好的，然後後悔說：「早知道當初就不要那樣做了。」投資的人在失去金錢後會對於自己錯誤的選擇感到後悔並自責說，雖然有賺到錢，但只要多等一下就能賺到更多的錢。這種選擇的問題沒有例外。不分男女老少，無論做什麼事，都無法擺脫選擇的問題。

那麼我們該做什麼才能擺脫對過去選擇的後悔和自責呢？

首先要思考選擇的結果。回想我們日常生活，很少見到會徹底改變整個人生的重大選擇。大部分的狀況是不管選什麼都不會有太大的差別。午餐要吃什麼？周末要看哪場電影？這些都是非常微不足道的事情。如果今天我想吃的有兩樣，那麼今天吃一樣，明天再吃另一樣就行了。就像這樣，對於選擇哪個都不會造成問題的事情就隨心所欲地選擇吧！

以考試來思考就很容易想通原因。考試時必須在限定的時間內解題，這時如果把時間都花在寫簡單的題目上，後來遇到真的很難的問題就來不及讀完，成績單也不會好看。高分祕訣就是快速寫完簡單的問題後，花更多努力寫困難的題目。所以不要為小問題煩惱太久。

選擇會遇到的另一個問題就是供過於求。最近什麼東西都很多，無論是哪種商品，種類都多到數不清。就連只是去附近的超市逛逛，也會發現架上成列無數多的產品。乍看之下會覺得選擇的機會增加了這麼多，應該很好，但以結果來說並非如此。

實際上美國的社會心理學家貝瑞．施瓦茨（Barry Schwartz）透過多種實驗來研究人面對選擇的心理狀態，他發現了一個現象，如果選擇的自由更多，滿意度就會下降。這稱為「選擇的弔詭（paradox of choice）」。人在做出選擇後，就會想到自己放棄的機會成本，這樣的過程就會出現不滿意和後悔。

以虛擬貨幣的投資為例，很少人會對於百分之幾十的獲益感到滿意，因為大家都會想自己沒有選擇的東西。大家會想，如果投資在其他的虛擬貨幣，就會有更高的獲益，然後對於自己的選擇表達惋惜。如果已經達到百分之幾百的獲益，就會覺得如果當初投資更多錢，就能賺得更多，所以就算有獲益，還是有種似乎吃虧了的錯覺。

解決這問題的方法比我們想的更簡單。就是不要把自己所選的跟為了選擇這個而放棄的東西做比較。比較是選擇之前做的，選擇後的比較只有惋惜和後悔。以前中華料理店的菜單上雖然有許多的品項，但我們吃的不是炸醬麵就是炒碼麵。其他像是糖醋肉或涼拌菜，根本連看都不會看。所以很容易選擇，也很容易滿足。但現在不一樣了，就算點了包含炸醬麵、糖醋肉和鍋貼的套餐，眼睛還是無法移開菜單，會比較自己放棄的乾烹肉和奶油蝦，然後對自己的選擇感到後悔。

有不會後悔的選擇嗎？沒有人從來都不會後悔自己的選擇。以某種角度來說，後悔是非常理所當然的事。能擺脫對過去的後悔的方法就是對自己的選擇全力以赴，這樣才能讓對現在的滿足感大於對過去的後悔。

# 08 幸福就在「現在、這裡」

「現在」是過去的未來，時間流逝後就變成「過去」，因為時間一直在流逝。現在是我們唯一能影響的時間點，基於這樣的原因，要完全專注在現在才能感受到幸福。

不過，完全專注在現在並不容易。無論我們多努力想擺脫對過去的後悔以及對未來的擔憂，我們都會在某個瞬間發現自己處在過去和未來中間的支點。當然有時候也需要時間回顧自己的生活，這樣才能知道什麼是自己期盼的生活，而且也需要為了更好的生活而計畫未來。問題在於，人會因為對過去的後悔和對未來的擔憂而無法過好現在。

**在最新的心理治療方法「接受與承諾治療」中，透過兩個方法讓我們停**

**留在「現在、這裡」。**

**第一是「覺察」。覺察現在我心裡的想法和情緒。**我在渡過「失去」的過程時檢視內在無數次。一開始我被捲入情緒和想法的漩渦中無法打起精神，但時間過去後，我發現自己開始在情緒的漩渦裡徘徊。我就像是我內心的觀察者退一步觀察自己時就能覺察到情緒想傳遞的訊息。比方說，在對虧損感到憤怒時，我陷入在情緒裡抱怨全世界，但當我退一步觀察，發現那憤怒是因為我認為「這是無法挽回的狀況」。當我承認我不想接受的虧損時，立刻就能脫離憤怒的情緒。而在我覺察到對過去的後悔以及對未來的擔心正綁架著我時，就成為能讓我回到現實的重要鑰匙。

**能停留在現在的另一個方法就是，不帶過多的判斷和評價來敘述現在發生的事情**，並為它命名。假設今天已經跟朋友約好要一起看電影，於是你為了趕上約好的時間而搭計程車，結果剛好當天路上發生車禍，塞車塞得很嚴重，讓你晚到了。到的時候，想看的電影的票已經賣光了，只能看其他電影。這種時候我們可能會將自己所處的狀況命名為「諸事不順的倒楣日」，不過真的是這樣嗎？你只是因為塞車而晚到，但還是平安無事地跟朋友見到面，雖然跟原本的計畫不一樣，但還是跟朋友一起看了電影。你覺得「諸事不順的倒楣日」和「雖然跟原本的計畫不一樣，但還是跟朋友看到電影了」哪種敘述正確呢？當然這是個人的判斷，所以可以自由選擇。不過，當你選擇「倒楣日」，就很有可能會後悔自己選擇搭計程車，因自責而陷入過去。所以沒必要自討苦吃。要記得，大部分的後悔和擔心都是源自於過多的判斷和評價。

我們永遠都在「現在、這裡」。幸福也是一樣，只要學會覺察我現在感受到的情緒和想法，以及擺脫不必要的後悔和擔心而變得自由，我們就能過得比現在更幸福。

# 09 你的幸福外掛是誰呢？

「關係」是無法獨自成立的，需要除了自己以外的別人。為了投資在關係上，首先需要決定要跟誰在一起。我們出生後到現在跟許多人締結關係。有些人在短暫的相遇後就消失在記憶深處，但有些人長期以「家人」、「朋友」、「戀人」或「同事」等身分陪伴在我們身邊。

《大連接（Connected）》（譯註：無繁體中文版，僅有簡體中文版）的作者哈佛大學社會學家尼古拉斯．克里斯塔基斯（Nicholas Christakis）與政治學家詹姆士．福勒（James Fowler）大力推廣，與我締結關係之人的影響力。簡單來說，如果想度過幸福的生活，只要增加跟幸福的人在一起的時間就行了，研究結果非常清楚地展示幸福的擴散效果。

「朋友」很幸福時，當事人幸福的機率會增加百分之十五；當「朋友的朋友」幸福時會增加百分之十；當「朋友的朋友的朋友」幸福時則會有百分之六的幸福擴散效果。所以結論就是，**為了讓我們變得幸福，我們要把時間投資在跟幸福的人相處上**。

不過，決定要把時間用在誰身上並不容易。先想想總是跟我們在一起的家人。「家人」不是我選擇的，是從我出生在這世界上起就已經決定的關係。家人對任何人來說都是強大的保護因素，是生活在這世界上時不可或缺的存在。社會相當險峻，當身心感到疲憊時，家人是我們隨時都能尋找並休息的安全堡壘（secure base），不過有些人正好相反，只要跟家人在一起就覺得很難熬，極盡全力想擺脫家人這枷鎖。

當然如果能圓滿地解決痛苦的原因並修復關係就太好了，但要解決長期累積的衝突就像要解開已經纏得亂七八糟的毛線球一樣困難。此外，在長期的衝突中，多少都為了取得和平而維持心理上的休戰狀態，這時草率的停戰宣言可能會再引起戰爭。

這種時候就不是要尋找家人，而是要更專注在跟其他對象的關係上。值得慶幸的是，非家人的任何人都能成為讓我們擺脫試煉和逆境的安全堡壘。心理學家艾美．維納（Emmy Werner）在夏威夷考艾島（Kauai）觀察一群既脆弱又經歷不幸的孩子如何活出成功的人生，並研究他們的心理彈性。

艾美．維納長時間研究後得到一個結論，讓他們能踩著逆境而變得幸福的原因就是**有人理解並支持自己**。就算那人不是家人也無妨。如果沒有家人就是老師，如果不是老師就是朋友，只要有一個人相信並支持自己，就能踩著逆境，活出幸福的生活。

雖然無法選擇家人，但朋友、公司同事、戀人等充分都可以選擇。如果想要變得幸福就要跟可以理解自己、支持自己的人在一起，這樣才能在掉入人生的坑洞時踩在他們的信賴與理解之上逃出來。關係的質比量更重要。就算你跟許多人締結關係，若綜合起來都是不幸福的，還是會帶給你不幸福的影響。研究心理彈性時也可以看到一樣的結果，就算只有一個人，也充分能讓你變得幸福。

不需要因為身邊連一個幸福的人都沒有就感到沮喪，因為幸福是會傳染的。無論跟誰在一起都能幸福的方法就是，只要我變成幸福的人就行了。如果知道什麼事情對自己很有意義和價值，知道什麼事情會讓你心臟蹦蹦跳、會牽動你的心，然後堅持不懈地追求那件事，這麼一來就會不知不覺變得幸福。同時帶給在我身邊的人幸福，而他們的幸福又會再次傳染給我。

# 10 意義加興趣就是「已經」幸福

唯一公平地賦予所有人的就是時間。我們正以幸福和不幸福填滿時間，這些時間總合起來就是人生。為幸福投資時終究會隨著怎麼使用時間而決定勝敗。就算花很多時間待在「幸福的人」旁邊，如果那段時間沒有充滿意義和興趣，充其量只是一段記憶，之後就消失在忘記的那一邊。所以能被記錄為幸福的瞬間需要附上意義和樂趣的標籤。只要想到那時刻就能立刻搜尋到，而且留在熱門搜尋榜上越久，就越能留在長期記憶裡，讓我們的生活沉浸在幸福中。

能感受到意義和樂趣的活動非常多。可以分享彼此關心的議題、運動、吃美食，也可以散步。如果時間更多，一起旅遊也是不錯的方法。

不過，純粹做這些活動並不會讓我們變得幸福。想像你跟好幾年沒見的朋友一起去露營，搭完帳篷後，大家一起烤肉祭祭五臟廟，喝下一杯冰涼的啤酒開始聊天。到了晚上，就圍坐在營火旁聊著以前的故事，笑個不停。這確實會很幸福。但是，如果從見面後到分開為止彼此都無法聊些什麼，難道還能說幸福嗎？應該無法吧！那原因是少了意義和樂趣。

當我們遇到許久不見的朋友時，會分享這段時間對彼此的思念，表達對於見面時刻的喜悅，說著彼此生活種種，又哭又笑地安慰並鼓勵彼此，分享喜悅並同理彼此。在分手的時候，會惋惜相聚的時間無法再更長，也會記住下次見面的日子。我們會藉由分享每個人的情緒而找到意義和樂趣。如此會讓我們得到幸福。

有些人認為幸福只有在開心喜悅的時候才感受得到。可是我們也常常在痛苦、悲傷的時候感到幸福。我就是這樣，回顧這次的經驗，雖然過程中非常煎熬又辛苦，但確實也有幸福的時光。

有些人在聽到我的故事後，說他們也曾有過那樣的經驗，並安慰我說時間過去之後就會沒事的，那時我覺得很幸福；有些人真心為我加油並鼓勵我說「一定能克服的」，那時我也覺得很幸福。在脫離痛苦的風浪後，身處在平靜的大海中時會感受到幸福；發現遠方有能讓船隻停靠、安穩地休息的地方時會感受到幸福。所以我希望當其他人遇到生活的危機或逆境而感到辛苦時，我能像安慰自己一樣安慰他們。

跟別人相處能增添意義和樂趣，也能透過減少痛苦的行動來追求幸福。無論活動再好玩，如果心中還存有尚未解決的痛苦，還是很難變得幸福。所以我們應該要真心傾聽別人的心，也要懂得同理和安慰別人的方法，這樣才能在別人安慰我時得到安慰，也才能對需要安慰的人說出安慰的話。

# 11 終結虧損

之前我讀過一本書名為《不做任何事的時間的力量》（德文書，尚無中譯本），書裡提到一個故事，某位企業家去度假地點度假，看到有位漁夫悠哉地在樹蔭下打盹。企業家發現這位漁夫竟然在大家都忙著工作的大白天睡覺，便覺得痛心。因為他睜開眼睛就看到了能做生意賺錢的機會。企業家建議漁夫，不是只是悠哉地邊休息，一天只出海一次，光是出海次數增加到三次就一定能增加捕獲量。如果籌措更多資金，就不會只是開著小船，而是能開漁船。如果能組織成大漁船出海，獲益就會更多，這樣就能帶領裝有魚群偵測機的船隊，捕獲更多魚群。之後還可以設立罐頭工廠，開發販售管道，立刻就能變成有錢人，這樣不是很好嗎？漁夫靜靜地聽完企業家的說明後問：「那麼我當上有錢人之後要做什麼？」企業家回答漁夫：「那你就可以在這種日子舒服地躺在樹蔭下休息啦！」漁夫以哭笑不得的口吻回答：「這不就是我現在在做的事嗎？」

我偶爾會想像，假如我沒有虧錢，而是賺了數十億，那麼我會過著怎樣的生活呢？當我有天得到了所有人追求的「財富自由」，我的生活會變得如何呢？

雖然不知道是不是真的，但我曾聽過有個人投資比特幣賺了韓幣數百億後，說他再也感受不到上班的必要性，便跟同事道別、離開公司，等於是他不再需要為生計賺錢。他就是我們所說的財富自由的人。留下來的人看到他離開，應該會感受到莫名的虛空和相對貧窮，也會很好奇他會怎麼花那麼多的錢。很清楚的是，他的生活品質會比以前好很多。錢多了之後，可以搬到更好的環境，可以用更貴的好東西，可以立刻去做想做的事，不用猶豫。不過，雖然生活品質改善，但生活的型態卻沒有太多的不同。就算有很多錢，也無法每天都吃喝玩樂。人要做事、吃飯、養育子女，也要與人見面。說到底，所得水準到了一定程度後，任何人會遇到的生活問題都差不多。

其實大家都在追求幸福的生活，但比錢更重要的是，將日常生活過得多有意義、多有趣。所以希望你能清楚瞭解什麼是自己生活的意義和樂趣再追求那些。我想再加一項，如果還有適當的經濟能力和富足的內心，應該就更充足了吧？

我終於終結了我的虧損，感覺就像是走了一段很遠的路程。彷彿是在爬山途中迷路，迷路了很久之後，終究回到原本的地方一樣。不過，重新找回我的生活的安心感勝過失去時間的缺失感。如同我曾經說過的，你也不知道什麼時候會遇到辛苦的日子，過程中經歷的無數瞬間可能會無情地把你逼到界限。不過，我們比自己想的還要更強。我確信，曾經以為的界限，在時間過去後就會留下像年輪一樣的成長痕跡。現在重新開始吧！還要繼續生活，一定會有能挽回幸福的機會的。

台灣廣廈 國際出版集團
Taiwan Mansion International Group

國家圖書館出版品預行編目（CIP）資料

只是投資失利，又不是世界末日：心理學家因投資失敗，而在跳海前所領悟到「重設人生」終結虧損的法則/金炯俊著. -- 初版. -- 新北市：蘋果屋, 2023.03
面； 公分
ISBN 978-626-96826-6-9（平裝）
1.CST: 壓力 2.CST: 情緒管理 3.CST: 生活指導

176.54 112000061

蘋果屋
APPLE HOUSE

# 只是投資失利，又不是世界末日

## 心理學家因投資失敗，而在跳海前所領悟到「重設人生」終結虧損的法則

**作　　者**／金炯俊
**譯　　者**／葛瑞絲
**編輯中心編輯長**／張秀環・**編輯**／陳宜鈴
**封面設計**／何偉凱・**內頁排版**／菩薩蠻數位文化有限公司
**製版・印刷・裝訂**／皇甫・秉成

**行企研發中心總監**／陳冠蒨
**媒體公關組**／陳柔彣
**綜合業務組**／何欣穎
**線上學習中心總監**／陳冠蒨
**產品企製組**／顏佑婷

**發 行 人**／江媛珍
**法律顧問**／第一國際法律事務所 余淑杏律師・北辰著作權事務所 蕭雄淋律師
**出　　版**／蘋果屋
**發　　行**／蘋果屋出版社有限公司
地址：新北市235中和區中山路二段359巷7號2樓
電話：（886）2-2225-5777・傳真：（886）2-2225-8052

**代理印務・全球總經銷**／知遠文化事業有限公司
地址：新北市222深坑區北深路三段155巷25號5樓
電話：（886）2-2664-8800・傳真：（886）2-2664-8801
**郵政劃撥**／劃撥帳號：18836722
劃撥戶名：知遠文化事業有限公司（※單次購書金額未達1000元，請另付70元郵資。）

■出版日期：2023年03月
ISBN：978-626-96826-6-9